CASS R. SUNSTEIN

O MUNDO SEGUNDO STAR WARS

Tradução de
RICARDO DONINELLI

1ª edição

EDITORA RECORD
RIO DE JANEIRO • SÃO PAULO
2016

CIP-BRASIL. CATALOGAÇÃO NA PUBLICAÇÃO
SINDICATO NACIONAL DOS EDITORES DE LIVROS, RJ

S955m

Sunstein, Cass R.
O mundo segundo Star Wars / Cass R. Sunstein; tradução de Ricardo Doninelli. – 1ª ed. – Rio de Janeiro: Record, 2016.

Tradução de: The world according to Star Wars
Inclui índice
ISBN 978-85-01-10775-6

1. Cinema. 2. Cultura. I. Título.

16-35697

CDD: 791.43658
CDU: 791.43

Copyright © Cass Sunstein, 2016

Título original em inglês: The world according to Star Wars

Todos os direitos reservados. Proibida a reprodução, armazenamento ou transmissão de partes deste livro, através de quaisquer meios, sem prévia autorização por escrito.

Texto revisado segundo o novo Acordo Ortográfico da Língua Portuguesa.

Direitos exclusivos de publicação em língua portuguesa para o Brasil adquiridos pela
EDITORA RECORD LTDA.
Rua Argentina, 171 – 20921-380 – Rio de Janeiro, RJ – Tel.: (21) 2585-2000, que se reserva a propriedade literária desta tradução.

Impresso no Brasil

ISBN 978-85-01-10775-6

Seja um leitor preferencial Record.
Cadastre-se em www.record.com.br e receba informações sobre nossos lançamentos e nossas promoções.

EDITORA AFILIADA

Atendimento e venda direta ao leitor:
mdireto@record.com.br ou (21) 2585-2002.

Para Declan — meu filho

Difícil ver. Sempre em movimento o futuro está.

YODA

É a maior aventura que você pode ter,
inventar a sua própria vida, e isso vale para todos.
Uma possibilidade infinita.

LAWRENCE KASDAN

Sumário

PREFÁCIO   11

INTRODUÇÃO: APRENDENDO COM STAR WARS   13

EPISÓDIO I: EU SOU SEU PAI

A jornada heroica de George Lucas   21

EPISÓDIO II: O FILME DE QUE NINGUÉM GOSTAVA

Um fiasco previsto se torna a obra definidora do
nosso tempo   45

EPISÓDIO III: SEGREDOS DO SUCESSO

Star Wars foi impressionante, oportuno ou apenas uma
história de muita sorte?   53

EPISÓDIO IV: TREZE FORMAS DE OLHAR STAR WARS

Cristianismo, Édipo, política, economia e Darth Jar Jar   83

EPISÓDIO V: PAIS E FILHOS

É possível ser redimido, especialmente se o seu filho
realmente gostar de você   111

EPISÓDIO VI: LIBERDADE DE ESCOLHA

Não se trata de destino ou profecia   125

EPISÓDIO VII: REBELDES

Por que impérios caem, por que combatentes da
resistência (e terroristas) se erguem   135

EPISÓDIO VIII: EPISÓDIOS CONSTITUCIONAIS

Liberdade de opinião e expressão, igualdade de
gênero e casamentos entre pessoas do mesmo
sexo como episódios   169

EPISÓDIO IX: A FORÇA E O MONOMITO

Mágica, Deus e a história favorita da humanidade   185

EPISÓDIO X: NOSSO MITO, NÓS MESMOS

Por que Star Wars nos comove   203

NOTA BIBLIOGRÁFICA   207

AGRADECIMENTOS   209

NOTAS   213

ÍNDICE   233

Prefácio

A espécie humana pode ser dividida em três tipos de pessoas: aqueles que amam Star Wars; aqueles que gostam de Star Wars; e aqueles que nem amam nem gostam de Star Wars. Eu li partes deste livro para minha esposa, enfatizando aquelas que me pareciam especialmente divertidas, e uma noite ela finalmente respondeu, com um misto de compaixão e exasperação: "Cass, eu só não amo Star Wars!" (Eu sabia disso, acho, mas por algum motivo esqueci.)

Quando comecei este livro, eu apenas gostava de Star Wars. Agora já fui além do limite do amor. No entanto, proponho este livro para os três tipos de pessoas que mencionei.

Se você ama, e tem certeza de que Han atirou primeiro, e sabe tudo o que há para saber sobre parsecs, Biggs, Boba Fett e o general Hux, você ainda pode querer aprender sobre as origens improváveis da série, seu descontroladamente inesperado sucesso e o que realmente tem a dizer sobre paternidade, liberdade e redenção. Se apenas gosta dos filmes, você pode estar interessado em conhecer as suas distintas afirmações sobre o destino e viagens heroicas, ou sobre fazer a escolha certa na hora do sufoco.

Se realmente não gosta de Star Wars e não consegue distinguir um Ackbar de um Finn ou um Windu, você ainda pode querer saber como os filmes se tornaram tal fenômeno cultural e por que são tão ressonantes, e a razão para seu apelo ser tão duradouro, e como eles iluminam a infância, a complicada relação entre o bem e o mal, as rebeliões, a mudança política e o direito constitucional.

Em seu delírio selvagem "Augúrios de inocência", William Blake escreveu sobre ver "um mundo em um grão de areia". Star Wars é um grão de areia — pois contém um mundo inteiro.

Introdução

APRENDENDO COM STAR WARS

Todos os deuses, todos os céus, todos os infernos
estão dentro de você.

JOSEPH CAMPBELL[1]

Até o início de 2016, a franquia Star Wars tinha arrecadado US$ 30,2 bilhões.[2] Desse montante, US$ 6,25 bilhões vieram de bilheteria, quase US$ 2 bilhões da venda de livros e aproximadamente US$ 12 bilhões do licenciamento de brinquedos. O total excede o produto interno bruto de cerca de noventa nações do mundo, incluindo Islândia, Jamaica, Armênia, Laos e Guiana. Suponha que Star Wars é uma nação e que sua arrecadação é seu PIB. Dessa forma, a franquia estaria classificada mais ou menos na metade do ranking das 193 nações do planeta. Não merece seu próprio assento nas Nações Unidas?

Além disso, sua arrecadação cresce rapidamente. Com o espetacular sucesso de *O despertar da Força*, ela está estourando.

Os números não contam a história inteira. "Quantifique tudo o que você não pode." (Yoda não disse isso?) Em termos de política e cultura, Star Wars está em toda parte. Na década de 1980, a Iniciativa Estratégica de Defesa de Ronald Reagan ficou popu-

14   O MUNDO SEGUNDO STAR WARS

larmente conhecida como "Guerra nas Estrelas". Após a estreia de *O despertar da Força*, em dezembro de 2015, o presidente Barack Obama encerrou uma coletiva de imprensa desta forma: "Bom, pessoal, tenho que assistir a Star Wars." Na mesma semana, Hillary Clinton encerrou o debate nacional do Partido Democrata com as palavras "Que a Força esteja com vocês".

Também naquela semana, o candidato republicano Ted Cruz tuitou "A Força... está chamando você. Basta deixá-la entrar e ficar sintonizado esta noite no #CNNDebate". Tendo como base faroestes e histórias em quadrinhos dos anos 1960, comprometida com a liberdade e audaciosa quanto à esperança, Star Wars é bipartidária e de todos os norte-americanos.

Ao mesmo tempo, o seu apelo é universal; a obsessão com a série não se limita aos Estados Unidos. No final de 2015, viajei para Taiwan para dar uma série de palestras e me reunir com o presidente e o tribunal constitucional do país. Nós discutimos direitos humanos, regulação, economia mundial e a complexa relação de Taiwan com a China. Mas todo mundo também queria falar sobre Star Wars. A saga faz sucesso na França, na Alemanha, na Itália, na Nigéria e no Reino Unido. É amada em Israel, no Egito e no Japão, e invadiu com sucesso a Índia. Até 2015, sua exibição não era autorizada na China, mas a Força agora despertou lá também.

Na história humana, nunca houve um fenômeno como Star Wars. Alimentada pela mídia social, toda a série tem um grupo de seguidores que a cultuam. Vale ressaltar, no entanto, que o culto é tão grande que transcende o grupo: é praticamente a totalidade da humanidade. Uma recente pesquisa de "Star Wars" no Google produziu 728 milhões de resultados. Por outro lado, "Beatles" produziu 107 milhões; "Shakespeare", 119 milhões; "Abraham Lincoln", 69 milhões; "Steve Jobs", 323 milhões; e "Taylor Swift", 232 milhões. Como prova da sua adaptabilidade, considere a primeira entrada revelada numa busca no Twitter:

INTRODUÇÃO: APRENDENDO COM STAR WARS 15

"Destrua a fome com uma xícara de manteiga de amendoim Estrela da Morte de Star Wars."

Está bem, talvez você não ame Star Wars ou nem ao menos goste da série. Considerando-se ou não um fã, você provavelmente sabe muito sobre os filmes. Sabe algo sobre a Força, não sabe? Já ouviu falar de Darth Vader? Você confessaria que, nos momentos mais difíceis, às vezes pensa consigo mesmo, no fundo do seu coração, "Ajude-me, Obi-Wan Kenobi, você é minha única esperança"?

Star Wars une as pessoas. Vivendo em Berlim ou em Nova York, Londres ou São Francisco, em Seattle ou Paris, você provavelmente vai reconhecer Darth Vader e pode muito bem saber o que é a Millennium Falcon. (Você sabe, não sabe?) Em 2015, os Estados Unidos e a Rússia não foram especialmente amigáveis um com o outro; havia uma grande dose de tensão entre Vladimir Putin e Barack Obama. Mas, quando *O despertar da Força* foi lançado, um funcionário russo do alto escalão me disse, com um sorriso brilhante de menino e algo como um reconhecimento da humanidade em comum, que a série é verdadeiramente amada em seu país e que quase todo mundo a viu.

Star Wars também conecta gerações. Minha filha Rian, de 3 anos, realmente gosta de Darth Vader. Meu filho Declan, de 6 anos, gosta de empunhar seu sabre de luz. Eu também tenho uma filha crescida, chamada Ellyn, com quem vi as duas primeiras trilogias, começando, acho, quando ela tinha cerca de 7 anos. Ela me mandou uma mensagem com estas palavras, logo depois de ver *O despertar da Força*: "Comecei a chorar já nos créditos de abertura... Foi a primeira vez que não assistimos a Star Wars juntos!"

Meus próprios pais há muito se foram, mas minha mãe, uma entusiasta da ficção científica, adorou o primeiro filme, *Guerra nas estrelas,* lançado em 1977 (e mais tarde rebatizado de *Uma nova esperança).* Pareceu um pouco mais confuso para o meu pai,

16 O MUNDO SEGUNDO STAR WARS

um oficial da Marinha que esteve na Segunda Guerra Mundial, estacionado no Pacífico na década de 1940, e que sabia como lidar com uma arma (ele lutou nas Guerras Clônicas, de certo modo). Meu pai amava tênis, carros e pesca — mas não sabres de luz e droides. Contudo, estava pronto para qualquer coisa e percebeu o encanto do filme. Saudável como um wookiee, ele foi acometido de câncer no cérebro aos 60 e poucos anos e morreu jovem, apenas quatro anos após *Uma nova esperança* ser lançado. Ele não teve a oportunidade de conhecer Ellyn, Declan ou Rian.

Diferentes culturas têm diferentes rituais e tradições. Há o Papai Noel, é claro, e o coelhinho da Páscoa, e a fada dos dentes. Mas nada se compara a sentar-se com uma criança para sua primeira sessão de Star Wars. Quando as luzes se apagam, e aquelas amadas letras douradas preenchem a tela, e a música familiar de John Williams anuncia o que está vindo, há veneração e encanto. Inúmeros fantasmas entram na sala. É bom vê-los. Star Wars traz de volta os mortos.

STAR WARS É NOSSO MITO MODERNO

Quando *Uma nova esperança* foi lançado, a maioria dos conhecedores pensou que seria um desastre. O estúdio não tinha fé nele. Quase ninguém gostou. Os atores achavam-no ridículo. George Lucas, seu criador, temia uma catástrofe. Tudo isso levanta algumas questões. Por que Star Wars acabou sendo um sucesso tão espetacular? Isso é realmente impressionante? Por que o seu apelo é tão duradouro? Por que se tornou o nosso mito moderno? O que tem a nos ensinar? Sobre a cultura, a psicologia, a liberdade, a história, a economia, a rebelião, o comportamento humano e o direito? E sobre o coração humano?

INTRODUÇÃO: APRENDENDO COM STAR WARS   17

Vou tentar responder a todas essas perguntas. Ajuda o fato de que, como um poema ou um romance, a saga Star Wars deixa muito espaço para interpretações diversas. É uma crítica a impérios e um fervoroso apelo à democracia ou exatamente o oposto? É realmente a favor do Lado Luminoso ou secretamente apaixonado pelo Lado Sombrio? A Força é Deus ou é algo dentro de cada um de nós? O que os filmes têm a dizer sobre o cristianismo? Sobre gênero e raça? Sobre o capitalismo? Sobre o significado da lealdade? Sobre por que a história dá as voltas que dá?

Star Wars oferece uma versão moderna de uma história universal: a Jornada do Herói. Lucas tinha consciência disso e baseou-se diretamente no extremamente influente livro de Joseph Campbell, *O herói de mil faces*, que define os eventos de vida centrais que unificam incontáveis mitos. (Lucas descreveu Campbell como "meu Yoda"). Em sua essência, a jornada do herói é a história de Jesus Cristo, Buda, Krishna e Maomé — e também do Super-Homem, Batman, Homem-Aranha, Jessica Jones e Luke Skywalker (e Anakin, e também Rey, e possivelmente Finn e Kylo).

A Jornada do Herói tem uma profunda ressonância psicológica. Ela recorre diretamente aos recessos da psique humana. Seja você quem for, é sua história também. (Você verá.) Ao mesmo tempo, Star Wars está intensamente alerta ao imenso poder dos dois lados da Força. Demonstra que, para todos nós, a escolha entre a Luz e a Escuridão está longe de ser simples. (Se acha que é simples, você está se iludindo e deixando de viver uma vida plena. Todo ser humano necessita visitar o Lado Sombrio. Tente. Mas não se demore.) Embora estilizada, a série tem coisas importantes a dizer sobre repúblicas, impérios e rebeliões. Sabe que repúblicas podem ser altamente frágeis, e impérios também, e que o sucesso de rebeliões muitas vezes depende de decisões menores e fatores aparentemente irrelevantes.

A saga Star Wars é obcecada pela complexa relação entre pais e filhos, e pelo que eles vão fazer uns aos outros, especialmente quando a própria vida estiver na balança. Nesse sentido, suas lições são poderosas e duradouras. Em pouco tempo, a série dirá algo poderoso sobre filhas também. (Depois de *O despertar da Força*, está quase chegando lá.) Quando os pais veem a saga com suas crianças, pequenas ou crescidas, eles estão se divertindo, mas também estão aprendendo, e sentindo, alguma coisa importante sobre a natureza do apego.

LIVRE PARA ESCOLHER

Star Wars também reivindica algo ousado sobre a liberdade de escolha. Sempre que as pessoas se encontram em apuros, ou em algum tipo de encruzilhada, a série proclama: *Você é livre para escolher*. Essa é a lição mais profunda de Star Wars. Essa é a reviravolta na Jornada do Herói. A ênfase na liberdade de escolha, mesmo quando as coisas parecem mais escuras, e a vida, mais restrita, é a característica mais inspiradora da saga. Isso também tem tudo a ver com o tema, fundamental para a história, do perdão e da redenção. (Segundo Star Wars, você sempre pode ser perdoado, e sempre pode se redimir.)

O grande roteirista Lawrence Kasdan, colaborador de Lucas em *O Império contra-ataca* e *O retorno de jedi*, bem como de J. J. Abrams em *O despertar da Força*, expressa a questão desta forma, com admiração infantil: "É a maior aventura que você pode ter, inventar a sua própria vida, e isso vale para todos. Uma possibilidade infinita. É assim: eu não sei o que vou fazer nos próximos 5 minutos, mas sinto que posso lidar com isso. É a afirmação de uma força vital."[3]

INTRODUÇÃO: APRENDENDO COM STAR WARS 19

Muita gente acha que os filmes de Star Wars são sobre o destino e a autoridade final da profecia. De modo algum. "Impossível de se ver, o futuro é." (Yoda realmente diz isso.) Essa é a mensagem escondida e a verdadeira magia de Star Wars — e o fundamento da sua empolgante homenagem à liberdade humana.

O PLANO

Cobrirei diversos tópicos aqui, incluindo a natureza do apego humano, se o senso de oportunidade é tudo, como classificar os sete filmes de Star Wars, por que Martin Luther King Jr. foi um conservador, como os meninos precisam de suas mães, o funcionamento da imaginação criativa, a queda do comunismo, a Primavera Árabe, os variados entendimentos dos direitos humanos, se *O despertar da Força* foi um triunfo ou uma decepção, os limites da atenção humana, e se Star Wars é realmente melhor que Star Trek.

Para quem gosta de mapas: os episódios I, II e III exploram como George Lucas concebeu a saga Star Wars e por que *Uma nova esperança* veio a ser, contra todas as previsões, um sucesso estrondoso. Os episódios IV, V e VI examinam os significados intrigantemente múltiplos dos filmes e também o que eles têm a dizer sobre os três temas mais importantes: paternidade, redenção e liberdade. Os episódios VII e VIII voltam-se para as lições da saga sobre política, rebeliões, repúblicas, impérios e o direito constitucional. Os episódios IX e X investigam a mágica, a ciência comportamental e a Força — e por que Star Wars acaba sendo atemporal.

Episódio I

EU SOU SEU PAI

A jornada heroica de George Lucas

> *Duas estradas divergiam em um bosque amarelado,*
> *E, lamentando não poder viajar pelas duas,*
> *Sendo eu um só viajante, um longo tempo fiquei ali*
> *Olhando para o chão de uma delas, tão longe quanto eu pude,*
> *Até onde ela se perdia na folhagem...*
>
> ROBERT FROST

As pessoas muitas vezes pensam que, para textos importantes, existe algum tipo de grande planejador, que concebeu tudo antes, cujo plano essencial é responsável por tudo o que se segue. Talvez o planejador seja uma pessoa: William Shakespeare, Leonardo da Vinci, Jane Austen, George Washington, Steve Jobs ou J. K. Rowling. Ou talvez seja uma instituição: Wall Street, o Congresso, o mercado, a CIA ou Hollywood.

A verdade é que os melhores planejadores tendem a improvisar. São pessoas que têm ideias e lançam faíscas, mas podem não ter nada que conte como um grande plano. Como Luke, Han,

Anakin e Rey, eles fazem escolhas no local. Dão início a coisas que acabam indo em todos os tipos de direções inesperadas. Personagens e enredos parecem criar o seu próprio impulso, até mesmo para contar seus próprios contos.

Planejadores podem ter um senso de destino final, uma espécie de GPS interno, ou uma imagem do desfecho, mas o trabalho em si pode levá-los para longe do curso esperado naturalmente — e eles serão imensamente gratos por isso. Tanto como qualquer um, eles podem se surpreender, até mesmo se espantar, com a forma que o seu projeto acaba assumindo. Eles encontram bifurcações na estrada e optam por determinado caminho em vez de outro. É assim que a criatividade funciona.

Cientistas comportamentais referem-se à "falácia do planejamento", que significa que as pessoas em geral pensam que um projeto será finalizado muito mais rapidamente do que ele de fato será. Nas palavras dos grandes psicólogos Daniel Kahneman e Amos Tversky, "Os cientistas e escritores, por exemplo, são notoriamente propensos a subestimar o tempo necessário para completar um projeto, mesmo quando têm a considerável experiência das falhas anteriores em levar a cabo os planos previstos."[1]

Pergunte a qualquer estudante do ensino médio que trabalha em um artigo ou a alguém que execute um projeto de construção em uma cidade, ou a um engenheiro tentando criar uma Millennium Falcon, e você provavelmente verá a falácia do planejamento em ação. Contudo, no que diz respeito à imaginação criativa, há um tipo diferente e muito mais interessante de falácia do planejamento. Chame-a de *mito da previsão criativa*. Você acaba tendo de fazer escolhas que o surpreendem; as direções que você antecipa acabam não sendo as direções que você segue. Você não pode planejar tudo com antecedência.

Isso vale para a criação da série Star Wars. É também uma importante lição tanto para os personagens como para os espectadores. O camponês Luke, um mestre jedi? Han Solo não mais em carreira solo? Darth Vader redimido? Finn ajudando a Resistência? A catadora de lixo Rey empunhando o sabre de luz de Luke? Quem teria pensado?

"EU QUERIA FAZER FLASH GORDON"

Ao explicar como concebeu os filmes da série Star Wars, George Lucas tem dito coisas diferentes ao longo dos anos.

Eis um de seus relatos:

> Você tem que lembrar que, originalmente, *Uma nova esperança* foi pensado como um só filme, o Episódio IV de um filme cujas partes sequenciais seriam exibidas nas matinês de sábado. Você nunca veria o que veio antes ou o que veio depois. Ele foi projetado para ser a tragédia de Darth Vader. A história começaria com esse monstro entrando pela porta, derrubando todos ao seu redor; então, no meio do filme, você perceberia que o vilão da peça é realmente um homem e o herói é seu filho. E, assim, o vilão se transformaria em herói, inspirado pelo filho. Era para ser um único filme, mas eu o dividi porque não tinha dinheiro para fazê-lo daquela forma — teria cinco horas de duração.[2]

Aqui está outro relato, sutilmente diferente:

> A série Star Wars começou como um filme que acabou tão grande que retirei cada ato dividindo-o em seu próprio filme... O conceito original realmente se relacionava a um pai e a um filho, e a gêmeos — um filho e uma filha. Era essa relação que estava no centro da história... Quando fiz Star Wars pela primeira vez, pensei na história como uma grande obra.[3]

Outra versão parte da introdução de Lucas para uma edição das três romantizações da primeira trilogia:

> Desde o início, concebi Star Wars como uma série de seis filmes, ou duas trilogias... Quando escrevi o roteiro original de Star Wars, eu sabia que Darth Vader era pai de Luke Skywalker; o público não sabia. Sempre achei que essa revelação, quando e se eu tivesse a oportunidade de fazê-la, seria surpreendente...[4]

A história completa de como Lucas concebeu Star Wars é muito mais complicada e bem mais interessante. Em suas primeiras versões, Star Wars não foi projetada para ser a tragédia de Darth Vader. Nada começava com um monstro entrando pela porta. Não havia palavra alguma sobre um filho heroico e um pai vilão. Darth Vader, como nós o conhecemos, veio à mente de Lucas relativamente tarde, bem depois de ele ter a ideia para Star Wars — e Vader tinha um papel menor. Quando Lucas diz "A história de Star Wars é realmente a tragédia de Darth Vader", de fato não está mentindo, mas ele levou muito tempo para pensar assim.

O desenvolvimento do arco da primeira trilogia mostra, por parte de Lucas, uma específica combinação de obsessão, visão, padrões elevados e uma obstinada vontade de continuar aprendendo — juntamente com uma forma de gênio. Lucas nunca gostou muito de escrever; ele é uma "pessoa visual" e diálogos não lhe ocorrem facilmente. Escrever o roteiro de *Uma nova esperança* tomou-lhe vários anos e foi uma experiência verdadeiramente miserável, quase uma forma de tortura. Lucas se fechava em uma sala durante horas e se obrigava a produzir páginas e mais páginas, mas simplesmente odiava toda essa experiência. Ele ficou doente e arrancou seus próprios cabelos (literalmente). Mas, de alguma forma, esse artista visual escreveu algo icônico.

Quando Lucas começou a escrever, seus pensamentos eram abstratos e vagos. No início dos anos 1970, ele falou publicamente do seu plano para *The Star Wars*, sob a forma de "um filme de faroeste ambientado no espaço sideral"[5] ou "um filme de ficção científica tipo Flash Gordon". Ele se descreveu como "um grande fã de Flash Gordon e partidário da exploração do espaço". Em 1973, Lucas declarou: "Star Wars é uma mistura de *Lawrence da Arábia*, filmes de James Bond e *2001: uma odisseia no espaço*. Os alienígenas são os heróis e os *Homo sapiens*, naturalmente, os vilões."[6]

Só que os filmes não são isso. Logo no início, Lucas queria comprar os direitos de Flash Gordon, para produzir uma versão contemporânea, mas não tinha como pagar. Em suas palavras: "Eu queria fazer Flash Gordon e tentei comprar os direitos da distribuidora King Features, mas eles queriam um monte de dinheiro, mais do que eu poderia pagar na época."[7]

A escrita veio aos trancos e barrancos. A primeira sinopse foi completada em maio de 1973; o primeiro esboço apareceu um ano depois.[8] Nenhum tinha a menor semelhança com o que se tornou *Uma nova esperança*. "Escrevi a primeira versão, nós a discutimos e percebi que odiei o roteiro. Eu o joguei fora e comecei um novo, que também joguei no lixo. Isso aconteceu quatro vezes com quatro versões radicalmente diferentes", disse Lucas.[9] Mesmo depois de a trama essencial de *Uma nova esperança* ser idealizada, a trajetória final da série e a tragédia de Darth Vader não passavam pela cabeça de Lucas. Segundo alguns relatos, *Uma nova esperança* era considerado um filme isolado — *Guerra nas estrelas*, não o Episódio IV. Gary Kurtz, colaborador de Lucas, revela: "Nosso plano era fazer *Star Wars* e depois fazer algo como *Apocalypse Now*, e fazer uma comédia de humor negro no estilo de *M*A*S*H*."[10]

Star Wars de fato se tornou uma história sobre pais e filhos, e sobre um heroico pai inspirado (e redimido) pelo seu filho, mas Lucas pensou nessas ideias fabulosas relativamente tarde — e elas mudaram tudo.

XENOS, THORPE E O PRÍNCIPE DOS BEBERS

Em uma das primeiras fases da escrita, Lucas produziu uma lista com um grande número de (ótimos) nomes, alguns dos quais descartados, incluindo:

> Imperador Ford Xerxes Terceiro
> Xenos
> Monroe
> Mace
> Valorum
> Biggs
> Cleg
> Han Solo ("líder do povo hubble")
> Thorpe
> Roland
> Lars
> Kane
> Anakin Skywalker ("rei dos bebers")
> Luke Skywalker ("príncipe dos bebers")[11]

Havia um planeta de gelo chamado "Norton III" e um mundo de selva chamado de "Yavin" (incluindo wookiees com quase 2,50 m de altura), além de um planeta desértico chamado "Aquilae".[12]

No início, Lucas aparentemente tinha apenas uma cena clara em mente, uma espécie de combate espacial encarniçado, em que as naves "moviam-se rapidamente e despencavam umas após as outras, como combatentes da Segunda Guerra Mundial, como aves selvagens".[13] Com vários nomes em mente, ele produziu uma sinopse, sob o título "Journal of the Whills". Esse diário está envolto em mistério e existem diversos boatos sobre a sua extensão e o seu conteúdo.

Parece que era apenas um fragmento de duas páginas, que começava assim: "Esta é a história de Mace Windy, um reverenciado jedi Bendu de Ophuchi, contada por C. J. Thape, aluno padawaan do famoso jedi."[14] C. J. significava "Chuiee Two Thorpe de Kissel", cujo pai era "Han Dardell Thorpe, piloto-chefe do renomado cruzador galáctico *Tarnack*".[15] (Um Chuiee — mas não um wookiee! Um Han — não menos piloto, mas não um Solo! Um Kissel, não um Kessel, e nenhum Percurso de Kessel!) Mace Windy havia sido o "comandante militar a serviço do presidente da Aliança de Sistemas Independentes... Alguns achavam que ele era ainda mais poderoso que o líder do Império Galáctico. Ironicamente, foi o medo dos seus próprios companheiros [...] que o levou a ser substituído [...] e expulso das forças reais".[16]

Nesse breve documento, Mace e C. J. têm a sua "maior aventura", que é atuar como guardiões de "um carregamento de reatores de fusão portáteis para Yavin", de onde são "convocados para o segundo desolado planeta de Yoshiro por um misterioso mensageiro do presidente da Aliança".[17] A história inicial de Lucas oferece pouco mais que isso.

Não está totalmente claro por que essa é a maior aventura dos nossos heróis. De fato, ela parece sofrível. Quando Lucas começou, não tinha muito. Mas estava claramente inspirado. Como a maioria das pessoas prestes a produzir grandes coisas, ele parece ter sentido uma espécie de inquietação ou talvez um forte desejo. Mace e C. J. não estavam destinados à grandeza, mas o desejo necessitava ser satisfeito.

BUROCRATAS IMPLICANTES

Como o agente de Lucas ficou totalmente perplexo com a história, ele começou a trabalhar em algo novo, que se baseava fortemente em um filme de 1958, *A fortaleza escondida*, do japonês Akira Kurosawa. Sua versão inicial foi modelada diretamente a partir desse filme. A trama de Kurosawa foi contada pela perspectiva de dois camponeses reclamões, que começam a sua história vagando por uma paisagem desértica durante um período de guerra civil. É um conceito inteligente. Como Lucas reconheceu, R2-D2 e C-3PO foram fortemente baseados nesses personagens.

Um gostinho do texto inicial de Lucas: "Os dois aterrorizados e implicantes burocratas aterrissam forçadamente em Aquilae enquanto tentam fugir da batalha da fortaleza espacial."[18] Sua abordagem de quatorze páginas acompanhava tão de perto *A fortaleza escondida* que poderia muito bem representar um remake, fazendo Lucas considerar a possibilidade de comprar os direitos do filme.

Nessa versão, Lucas não situou *The Star Wars* (como chamou seu filme) "há muito tempo, em uma galáxia muito, muito distante". Pelo contrário: o cenário era um futuro longínquo. "É o trigésimo terceiro século, um período de guerras civis na galáxia. Uma princesa rebelde, com sua família, seus criados e o tesouro do clã, está sendo perseguida."[19]

A princesa rebelde viaja com um general de nome familiar: Luke Skywalker. Suas viagens situam-se em meio a uma batalha entre um império e forças rebeldes. Em determinada cena, o general Skywalker usa uma "espada laser" para matar um valentão que está hostilizando um dos rapazes de um grupo de rebeldes em uma cantina perto de um porto espacial. (Soa familiar? Um pouco?) Em outra, o general Skywalker e os rebeldes tomam à força uma esquadrilha de naves de combate. Disfarçando-se de guardas imperiais, eles acabam encontrando o complexo prisional de Alderaan, que é a capital desse império. Felizmente, eles libertam a princesa, e há uma cerimônia, no final, em que ela se revela uma espécie de deusa.

Lembra um pouco Star Wars, mas não há nenhum R2-D2 ou C-3PO e não temos a maioria dos outros nomes reconhecíveis, sem falar do arco familiar da trama. Nos estágios iniciais do roteiro, Darth Vader era um mero general, relativamente sem importância, explodido no final. Mesmo nas últimas fases da elaboração, Lucas não pensava em Darth Vader como o pai de Luke. Nem procurou preservar a ambiguidade a esse respeito. Na verdade, ele pensava que Darth Vader *não* era o pai de Luke. É um mito, apesar de bom, que "Darth Vader" seja uma brincadeira com "Dark Father".[20]

UM CONTO DE FADAS

A propósito, dois robôs realmente dão as caras em alguns dos primeiros roteiros, e eles parecem familiares e também têm nomes bastante familiares: ArTwo Deeto e SeeThreePio. E, além disso tudo, conversam de forma um bocado familiar:

ARTWO: Você é um filósofo estúpido, inútil... Vamos! Vamos voltar ao trabalho; está tudo certo com o sistema.
SEETHREEPIO: Sua bolota de graxa. Pare de me seguir. Dê o fora. Dê o fora.[21]

Percebe alguma coisa? ArTwo fala! Eis algo que Lucas relatou sobre um de seus rascunhos: "Coloquei esse pequeno elemento nele: 'Há muito tempo, em uma galáxia muito, muito distante, uma aventura incrível aconteceu.' Basicamente, é um conto de fadas agora."

Nos primeiros rascunhos do que se tornou *Uma nova esperança*, Darth Vader não era um personagem importante e Lucas não tinha qualquer ato de redenção em mente. Esse episódio foi o conto de Lucas, não de Vader. Toda a ideia de redenção veio bem tarde e, em última análise, transformou em um conto a improvavelmente tocante história sobre a liberdade de escolha, e pais e filhos. Mesmo nos primeiros rascunhos de *O retorno de jedi*, Vader não era redimido de forma alguma, e sim, em vez disso, se tornava irrelevante, enquanto Grand Moff Jerjerrod tornava-se o novo favorito do imperador. Nem Lucas tinha ideia, nas etapas iniciais, de que Palpatine viria a ser um Lorde Sith.

E quanto ao "Journal of the Whills", descrito por Michael Kaminski como "talvez o item mais curioso e misterioso na história de Star Wars, algo tão envolto em lendas e mistério que se tornou uma espécie de Santo Graal?"[22] Na verdade, ele não existe, e nunca existiu, exceto como aquele fragmento inicial bastante curto. Mas ele parecia fundar todo o projeto e emprestar-lhe uma espécie de gravidade, com ou sem Flash Gordon.

"NÃO CONTE A NINGUÉM"

Com o momento "Eu sou seu pai", Lucas escolheu conduzir Star Wars por um novo caminho narrativo, que se encaixa bem (o suficiente) com o que tinha acontecido antes, mas que lança uma luz inteiramente nova sobre a saga, o que essencialmente não foi previsto pelo próprio Lucas. Em entrevista após a lançamento de *Uma nova esperança*, ele disse que tinha em mente uma sequência "sobre Ben, o pai de Luke e Vader quando ainda são jovens cavaleiros jedi. Mas Vader mata o pai de Luke, e então Ben e Vader têm um confronto, bem semelhante ao de *Uma nova esperança*, e Ben quase mata Vader".[23]

Lucas insistiu que "tinha Vader em mente como o pai de Luke todo o tempo", mas às vezes dizia algo um pouco diferente.[24] Eis uma nota que ele escreveu para os escritores de *Lost*, a sensacional série de televisão: "Não diga a ninguém [...] mas, quando 'Star Wars' surgiu pela primeira vez, eu tampouco sabia para onde ela estava indo. O truque é fingir que você planejou tudo com antecedência."[25] De forma muito mais reveladora, ele reconheceu, em 1993, que "quando você está criando algo assim, os personagens assumem o controle e começam a contar a história à parte do que você está fazendo [...] Então você tem que descobrir como reorganizar o quebra-cabeça de modo que faça sentido".[26]

A propósito, muitos escritores com frequência falam precisamente nesses termos, insistindo que seus personagens "assumem o controle" e parecem "contar a história" por conta própria, com a sua própria integridade e força, operando independentemente dos desejos do escritor. À medida que as vidas de seus personagens se desenvolvem, eles acabam por percorrer caminhos que os escritores não poderiam ter previsto — e por isso dão a impressão de serem *agentes*, até mesmo para os seus autores. William Blake escreveu, a respeito de suas obras, que "embora eu as chame de Minhas, elas não são Minhas", e caracterizou o seu processo de escrita como uma espécie de ditado, "sem Premeditação ou mesmo contra a minha Vontade".[27] Os músicos às vezes falam exatamente da mesma maneira.

ARREPIOS NA ESPINHA

Como a inspiração funciona? Como uma boa história de repente ganha profundidade ou fica diferente? Para muitos sujeitos criativos, há um momento em que se sente um clique, ou mesmo um trovão, quando a narrativa (ou canção, ou edifício, ou paisagem) toma um novo rumo. Você não tinha ideia de que ele estava por vir, mas o reconhece quando o tem pela frente. Com uma grande ajuda de Chris Taylor, autor do fabuloso *Como Star Wars conquistou o universo*, eis uma especulação sobre o que poderia ter acontecido.[28]

Ao escrever a cena de clímax de *O Império contra-ataca*, Lucas decidiu, com uma explosão de inspiração, que Vader deveria dizer a Luke: "Nós vamos governar a galáxia como pai e filho." Essas palavras podem ter abalado a imaginação de Lucas. Podem ter produzido um "A-HA!", um arrepio na espinha. E se as palavras de Vader fossem *pra valer*? Como Taylor escreve, isso poderia subitamente explicar "de uma só vez por que todos, do tio Owen a Obi-Wan e Yoda, se preocupavam tanto com o desenvolvimento de Luke, e se ele cresceria para ser como seu pai".[29] Tudo isso de repente fez um novo tipo de sentido. Se a explicação foi pós-fato — se essas preocupações originalmente nada tinham a ver com Darth Vader —, então tudo bem. O presente muitas vezes lança uma nova luz sobre o passado, tornando-o de alguma forma diferente do que pensávamos. Essa não seria a primeira vez.

Tal explicação em particular é apenas uma suposição; talvez Lucas tenha concebido a ideia de que Vader era o pai de Luke em algum estágio anterior ou de algum outro modo. O que realmente importa é que na série Star Wars, como em muitas obras de literatura, momentos "Eu sou seu pai" e os arrepios que os acompanham são decisivos. Envolvem transições cruciais e reversões de curso que, no entanto, mantêm (a suficiente) continuidade com a história anterior, que agora muda e fica mais interessante. A paternidade de Vader também criou um importante desafio para Lucas, porque isso significava que os espectadores teriam de reavaliar cenas passadas, por vezes de forma fundamental. Se a reavaliação produzisse uma absoluta incredulidade na plateia — em vez de um "Ó, meu Deus!", um "Mas que merda!" —, o momento "Eu sou seu pai" não funcionaria. Na verdade, teria sido contraproducente, arruinando toda a série.

Suponha, por exemplo, que Vader dissesse "Eu sou seu filho", ou "Eu sou seu gato", ou "Eu sou Abraham Lincoln", ou mesmo "Eu sou R2-D2". Nesses casos, a coisa toda teria sido uma bagunça. As pessoas teriam pensado: "Mas que merda!" Era necessário arrancar do público um suspiro que refletisse um espanto genuíno, até mesmo um momento de atordoada incredulidade, e, a seguir, uma espécie de reverente "Tudo faz sentido agora". Esse suspiro revelaria um senso de reconhecimento, um sentimento de que existe lá um padrão, afinal, mesmo que inteiramente inesperado.

O melhor tipo de momento "Eu sou seu pai" produz uma sensação de que tudo foi preordenado e finalmente se encaixa. Boas obras de suspense funcionam exatamente dessa forma. *Garota exemplar*, de Gillian Flynn, é um exemplo, e Harlan Coben, o incrível escritor de mistério, transforma isso em arte. O magnífico *Possessão*, de A. S. Byatt, tem vários desses momentos. Nesse ponto, Shakespeare era, claro, o mestre dos mestres jedi.

Se os espectadores puderem reavaliar cenas passadas de uma maneira que faça o momento "Eu sou seu pai" parecer inteligível e, em retrospectiva, até inevitável, o sentido indispensável de uma narrativa coerente é preservado. É claro que narrativas, incluindo a de Star Wars, podem avançar em muitas direções diferentes

34   O MUNDO SEGUNDO STAR WARS

sem perder o sentido de coerência. Com respeito aos melhores desses momentos, as pessoas não poderiam, antecipadamente, imaginá-los com facilidade, e não conseguem, depois de eles acontecerem, perceber que as coisas poderiam ter ocorrido de outra forma.

"DE CERTO PONTO DE VISTA"

Ainda assim, o momento "Eu sou seu pai" em *O Império contra- -ataca* apresentou a Lucas um agudo dilema: em *Uma nova esperança*, Obi-Wan Kenobi dissera a Luke que Darth Vader "matara seu pai". Ele estava mentindo? Se estava, então Obi-Wan tinha sérias explicações a dar. Por que o santo Obi-Wan mentiria para o jovem Luke?

Lucas ama os elementos visuais, não a trama, mas ele encontrou uma solução engenhosa para esse problema. Em *O retorno de jedi*, ele fez Obi-Wan explicar: "Seu pai... foi seduzido pelo lado sombrio da Força. Ele deixou de ser Anakin Skywalker e 'tornou-se' Darth Vader. Quando isso aconteceu, o bom homem que era seu pai foi destruído. Então o que eu disse a você era verdade... de certo ponto de vista."

Em alguns círculos, essa explicação é infame, uma baita trapaça. "De certo ponto de vista" pode ser tomado como uma confissão de mentira. Não soa um pouco sith? Se o líder de sua nação lhe dissesse isso, ou seu cônjuge, você não desconfiaria? Mas também é inteligente. Faz sentido suficiente para preservar a coerência da narrativa. É claro que os comentários originais de Obi-Wan eram sobre matar de fato, não metaforicamente. Mas a morte metafórica fornece coerência suficiente; de certa forma, é excelente. E se Obi-Wan não disse exatamente toda a verdade, bem, Luke era jovem e talvez não conseguisse lidar com a revelação.

O chanceler Palpatine, a propósito, colocou as palavras de Obi-Wan em um espelho escuro, insistindo com o jovem Anakin: "Bom é um ponto de vista." Os sith são relativistas morais.

GÊMEOS ADORÁVEIS

E quanto a Luke e Leia virem a ser gêmeos? De certa forma, esse específico momento "Eu sou seu pai" acabou sendo mais desafiador para o esforço de Lucas de preservar a coerência narrativa. O próprio Mark Hamill disse, de forma inteligente: "Parecia uma tentativa tosca de superar a revelação de Vader."[30] Mas isso é severo demais. O momento não encobriu a dificuldade, mas funcionou e resolveu um monte de problemas.

Quando idealizou *Uma nova esperança* e *O Império contra-ataca*, Lucas certamente não achava que Luke e Leia eram gêmeos. Pelo contrário — e como a inequívoca tensão sexual entre os dois sugere —, ele achava que *não* eram irmãos. Em uma entrevista por volta de 1976, após o lançamento de *Uma nova esperança*, Lucas disse: "E com quem [Leia] acaba ficando é uma incógnita. Posso dizer que Luke é mais dedicado a ela, acredito, do que Han Solo."[31]

Significativamente, tanto os primeiros roteiros como o diretor de elenco apontaram que Luke era mais velho que Leia (de forma que eles não poderiam ser gêmeos). Na excelente, e às vezes ardente, romantização de *Uma nova esperança*, escrita por Alan Dean Foster, Luke responde ao holograma de Leia "saboreando o modo como os lábios sensuais formavam e reformavam os fragmentos de frase".[32] E quando ele a vê em pessoa pela primeira vez: "Ela era ainda mais bonita do que a sua imagem, Luke julgou, olhando-a aturdido."[33] Eis como a romantização termina:

Enquanto era inundado por aplausos e gritos, Luke se deu conta de que sua mente não se atinha ao seu possível futuro com a Aliança nem à oportunidade de viajar aventurosamente com Han Solo e Chewbacca. Em vez disso, tão improvável quanto Solo alegou que seria, ele percebeu sua atenção totalmente ocupada pela radiante Leia Organa.[34]

Uau! E depois de Lucas escrever *Uma nova esperança*, ele planejava fazer um ou dois livros complementares. Naquele momento, ele disse: "Quero fazer com que Luke beije a princesa no segundo livro. O segundo livro será *E o vento levou* no espaço sideral. Ela gosta de Luke, mas Han é Clark Gable. Bem, ela pode aparentar fisgar Luke, porque eu quero que Han vá embora."[35]

E, claro, há a cena em *O Império contra-ataca* na qual Luke e Leia se beijam e o beijo não se parece em nada ao que os irmãos costumam dar uns nos outros. Assustador, né?

Certamente, havia indícios de que Luke tinha um irmão ou uma irmã, mas com certeza não era Leia. Quando Lucas começou *O Império contra-ataca*, ele escreveu que Luke tinha uma "irmã gêmea do outro lado do universo — colocada lá por segurança; ela também está sendo treinada como uma jedi".[36] O mesmo vale para a ideia de que Luke e Leia deviam ser gêmeos desde o início.

O que Hamill chamou de "tentativa tosca" foi realizado em grande medida porque, em *O Império contra-ataca*, Lucas fizera Yoda dizer, em resposta à sugestão de Obi-Wan de que Luke era a "última esperança" deles, que "há outra". Falando daquela sugestão, Lucas disse mais tarde que "existe o bastante para seis horas de acontecimentos antes de Star Wars. Nessas seis horas, a 'outra' esperança torna-se bastante evidente e, depois do terceiro filme, a 'outra' torna-se um bocado evidente".[37] Não está claro o que Lucas estava pensando exatamente. Ele poderia ter pensado em uma irmã, mas não em Leia, que dificilmente se torna "evidente" nas seis horas que precederam *Uma nova esperança*.

Lucas disse que escreveu a misteriosa e intrigante sugestão de Yoda em parte para "melhorar a percepção do público sobre o risco que Luke corria; a história não precisa dele?".[38] Claro, mas havia uma questão prática também. Mark Hamill poderia ter decidido não voltar nas sequências, o que significava que "outro" teria de ocupar o seu lugar. A sugestão também abria a possibilidade de os episódios VII, VIII e IX focarem na irmã gêmea. (A propósito, o personagem Lando Calrissian, de Billy Dee Williams, foi introduzido em parte devido ao medo de que Harrison Ford se recusasse a retornar; Calrissian poderia ocupar o lugar de Han como o pirata espacial malandro. Williams ficou muito decepcionado quando Ford voltou.)

De fato, Lucas planejou, em várias fases, fazer essa terceira trilogia (embora ele não seja consistente quanto a esse ponto). Mas quando chegou o momento de escrever *O retorno de jedi*, Lucas e seus atores tinham pouco interesse em fazer mais filmes da série. Todos eles haviam feito o bastante. Como então solucionar o mistério da "outra esperança" e resolver o triângulo amoroso que envolvia Han Solo, Luke e Leia?

A solução de Lucas foi deixar claro que Leia era a outra esperança e que dois membros do triângulo amoroso eram gêmeos. De fato, a carga sexual entre os irmãos em *Uma nova esperança* e *O Império contra-ataca* criou um grande problema. Como se observou, a solução de Lucas era ignorá-lo. E, para martelar (de forma um tanto pesada) a plausibilidade da sua condição de irmãos, ele fez Leia dizer, em resposta à revelação: "Eu sei; eu sempre soube." Sim, certo. Aparentemente, Lucas esperava que, se Leia "sempre soube", o público então poderia pensar que a relação de sangue entre ela e Luke era crível, até mesmo planejada — em vez de uma mudança estranha e destruidora da coerência dos filmes anteriores.

"VOCÊ CRESCEU, LUKE"

Se dependesse das sementes originais do pensamento de Lucas, a trama poderia ter seguido por inúmeras direções diferentes. A maioria delas teria sido pior: a trama teria sido menos interessante se Obi-Wan tivesse se tornado o pai de Luke; ou se seu pai tivesse, de fato, sido morto quando ele era criança.

A brilhante roteirista Leigh Brackett produziu uma versão posterior e, na maior parte, esplêndida do que se tornou *O Império contra-ataca*.[39] (Ela está disponível on-line.) Infelizmente, Brackett morreu pouco depois de produzir o texto. A ela é atribuída a coautoria do roteiro definitivo, e com razão. O roteiro baseia-se muito naquela versão e por isso, pelo menos em parte, é dela também, sem dúvida. Mas o que Brackett definiu em seu texto é intrigantemente diferente do texto final de Lucas.

Em sua versão, Luke realmente encontra seu falecido pai, um fantasma da Força, por meio dos bons ofícios de Obi-Wan Kenobi — e esse pai não poderia ser mais dissemelhante de Darth Vader. Na narração de Brackett, ele é um "homem alto, de boa aparência", e, quando Luke o vê, sente-se estilhaçado.

Eis o diálogo:

SKYWALKER: Você cresceu, Luke. Estou orgulhoso de você. Seu tio nunca lhe falou sobre sua irmã?

LUKE: Minha irmã? Eu tenho uma irmã? Mas por que Owen não...?

EU SOU SEU PAI

SKYWALKER: Eu havia pedido. Quando vi o Império nos cercando, para sua própria segurança, mandei para longe vocês dois, bem afastados um do outro.
LUKE: Onde ela está? Qual é o nome dela?
SKYWALKER: Se eu lhe dissesse, Darth Vader poderia captar essa informação da sua mente e usar sua irmã como refém. Ainda não, Luke. Quando for a hora... Luke, você me acompanha no juramento de um cavaleiro iedi?

Em seguida, Luke repete: "Eu, Luke Skywalker, juro por minha honra e pela fé da irmandade de cavaleiros usar a Força apenas para o bem, sempre recusando o lado sombrio e dedicando minha vida à causa da liberdade e da justiça. Se eu falhar neste voto, minha vida estará perdida, desde agora."

O juramento é tolice, assim como toda a cena, e a reviravolta "Eu sou seu pai", concebida por Lucas, tornou tudo menos mirabolante, mais inquieto e simplesmente melhor. (Ele visitou o lado sombrio.) Vale a pena perguntar, porém, se sempre fez a escolha certa. Algumas das diferentes direções imagináveis teriam sido boas escolhas. Não devemos nos juntar ao coro, atacando as ambiciosas prequelas, visualmente espetaculares e depreciadas, mas a crítica certamente valeria para as desajeitadas cenas de amor entre Anakin e Padmé:

ANAKIN SKYWALKER: Você está tão... bonita.
PADMÉ: É só porque estou muito apaixonada.
ANAKIN SKYWALKER: Não, é porque eu estou muito apaixonado por você.
PADMÉ: Então o amor o cegou?
ANAKIN SKYWALKER: [Risos] Bem, não foi exatamente o que eu quis dizer.
PADMÉ: Mas provavelmente é verdade.

Também dito de forma não ideal, por Padmé: "Abrace-me, como você fez perto do lago em Naboo, tanto tempo atrás, quando não havia nada senão o nosso amor. Nem política, nem conspiração, nem guerra."

Mas nós poderíamos identificar melhorias em algumas das cenas muito admiradas. Nelas, não é fácil superar Lucas — na primeira trilogia, ele sentiu a Força, no seu auge —, mas seria incrível se ele sempre encontrasse o melhor caminho. Na narrativa de Brackett, Luke e Leia não são irmãos, e Leia tem cenas de amor com Luke e com Han antes de escolher o último, deixando Luke amadurecida e resignadamente solo. Isso poderia ter sido interessante.

Talvez Luke pudesse ter tido uma irmã gêmea em outro planeta, que poderia ter movimentado o enredo. Se algo assim tivesse acontecido e se tornado canônico, poderíamos ter dito "Eca!" ou "Que estúpido e ridículo", se tivéssemos sido informados sobre a reviravolta de Luke e Leia como irmãos, que Lucas realmente escolheu.

Palavras sábias do músico Skrillex: "O futuro é um acidente. É um acidente porque você explora [...] Você não pode vê-lo — você só tem que ir para algum lugar onde não esteve antes."[40] E, obviamente, J. J. Abrams fez uma série de escolhas distintas para *O despertar da Força*. Ele poderia ter seguido em muitas outras direções. (E quase o fez.)[41] Após escrever o filme, as tramas dos episódios VIII e IX também tinham de ser escolhidas. Elas não estavam preordenadas. Sobre Abrams, uma boa observação feita pelo crítico de cinema Anthony Lane: "Eu odeio dizer isso, mas ele é um crítico — como todo criador e, especialmente, recriador deve necessariamente ser."[42]

"EU NÃO GOSTO DISSO E NÃO ACREDITO NISSO"

Eis um exemplo clássico de escolha feita na construção da narrativa de Star Wars, em tempo real. É de um momento crucial durante a escrita de *O retorno de jedi*. Trata-se de um contundente desacordo artístico entre Lucas, no auge de seus poderes extraordinários, e Kasdan, um dos mais brilhantes (e, acho eu, profundos) roteiristas da última metade de século.

É um choque entre dois mestres jedi, com visões radicalmente diferentes para o filme:

KASDAN: Eu acho que você deve matar Luke e fazer Leia assumir [o "posto" de jedi].

LUCAS: Você não quer matar Luke.

KASDAN: Certo, então mate Yoda.

LUCAS: Não quero matar Yoda. Você não tem que matar pessoas. Você é um produto dos anos 1980. Você não sai por aí matando pessoas. Isso não é legal.

KASDAN: Não, eu não sou. Estou tentando dar à história algum tipo de diferencial...

LUCAS: Ao matar alguém, acho que você se afasta do público.

KASDAN: Eu estou dizendo que o filme tem mais força emocional se alguém que você ama é perdido ao longo do caminho; a jornada tem mais impacto.

LUCAS: Eu não gosto disso e não acredito nisso.

KASDAN: Tudo bem então.

LUCAS: Sempre odiei isso nos filmes, quando você avança e um dos personagens principais é morto. Isto é um conto de fadas. Você quer que todos vivam felizes para sempre e nada de ruim aconteça a ninguém. [...] O ponto central do filme, toda a emoção que estou tentando alcançar ao final deste filme, é que você seja realmente elevado, emocional e espiritualmente, e se sinta absolutamente de bem com a vida. Essa é a melhor coisa que poderíamos fazer.[43]

Em minha opinião, Lucas vence a argumentação por nocaute. Preciosas palavras: "Eu não gosto disso e não acredito nisso." As palavras são preciosas em parte pela forma como são ordenadas. "Não gosto" precede, e ajuda a explicar, "não acredito". Se você não gosta de alguma coisa, estará inclinado a não acreditar nela. Essa é a ideia de "raciocínio motivado" dos psicólogos. (É igualmente bom dizer: "Você não sai por aí matando pessoas. Isso não é legal.")

Eu não gosto do que Kasdan diz, tampouco acredito nisso.

Mas Yoda acaba de fato morrendo (mais ou menos). E é claro que Kasdan finalmente teve seu desejo realizado em *O despertar da Força*, com o assassinato de Han Solo. Como ele disse em 2015: "Sempre fiz lobby para matar alguém importante porque isso concede gravidade à história. Se todo mundo sempre termina bem, então não há perigo. A história deve nos custar algo."[44] *Isso* foi o que Kasdan realmente escolheu.

Com reverência e respeito: escolha errada! Depois de ver a morte de Han, uma das minhas amigas, claramente perturbada, anunciou: "Cansei. Não verei mais esses filmes." Logo após o filme, ela passou 10 minutos no banheiro, chorando. Eu não cansei, e verei cada um deles, mas sempre odiei isso nos filmes, quando você avança e uma das personagens principais é morta.

PARSECS

E depois há, é claro, a frase imortal de Han Solo sobre a Millennium Falcon: "É a nave que fez o Percurso de Kessel em menos de 12 parsecs."[45] Com a sua irresistível especificidade, a frase parece reconhecível, até mesmo familiar: "menos de 12 parsecs" soa verdadeiro, mesmo que um "parsec" seja uma unidade de distância, não de tempo.[46] Assim, sem alguma fantasia, a afirmação não faz muito sentido. Ao mesmo tempo, a linguagem de Solo é incrivelmente estranha. O que é o "Percurso de Kessel"?

Enunciada com presunçosa autossatisfação por Harrison Ford, a frase captura muito do que faz a série funcionar. É a encarnação do que Lucas chamou o traço mais característico de seus filmes: "frivolidade efervescente". (Lucas acrescentou que achava isso intrigante, porque como pessoa ele nada tem desse traço.) A versão romanceada não é tão boa: "É a nave que fez o Percurso de Kessel em menos de 12 unidades de tempo padrão."

Star Wars pode ser um grão de areia, mas contém um mundo inteiro.

Episódio II

O FILME DE QUE NINGUÉM GOSTAVA

Um fiasco previsto se torna a obra definidora do nosso tempo

Havia aquele cara gigantesco vestido de cachorro circulando pelo set. Era ridículo.

HARRISON FORD

A série Star Wars estava predestinada ao sucesso? Foi tudo uma questão de destino? Com certeza?

Já na largada, *Guerra nas estrelas* (agora conhecido como *Uma nova esperança*) foi um sucesso espetacular. No dia da estreia, 27 de maio de 1977, foi exibido em apenas 32 cinemas, mas quebrou recordes em nove deles,[1] inclusive em quatro das cinco salas nova-iorquinas em que foi exibido.[2] Embora o filme tenha estreado numa quarta-feira, o total arrecadado naquele único dia foi de US$ 254.809 ou US$ 8 mil por local de exibição.[3] Só no Mann's Chinese Theatre, em Hollywood, o total de bilheteria foi US$ 19.358,[4] enquanto no Astor Plaza, em Manhattan, arrecadou US$ 20.322.[5]

De fato, não chegou a ganhar a competição de bilheteria em seu fim de semana de estreia; *Agarra-me se puderes* arrecadou US$ 2,7 milhões; em comparação, *Uma nova esperança*, US$ 2,5 milhões.[6] Mas o imortal *Agarra-me se puderes* foi mostrado em um gritante número de 386 telas e, com um total espetacular de exibição em 43 salas no fim de semana, *Uma nova esperança* não tinha muita chance.[7]

O filme continuou a ser uma sensação durante o verão. Cidades inteiras se mobilizaram, aparentemente em massa, para vê-lo. Apenas um exemplo: alguns meses após seu lançamento, metade da população de Benton County, no Oregon, tinha visto o filme.[8] (O que aconteceu com a outra metade?) Conforme o encantamento e a euforia se espalhavam, sua popularidade cresceu nos meses iniciais, finalmente atingindo o pico em meados de agosto, quando estava sendo exibido em cerca de 1,1 mil cinemas em todo o país.[9] Seu apelo se sustentou ao longo do tempo. Mais de quarenta cinemas exibiram o filme ininterruptamente *por mais de um ano*.[10] De um lado ao outro dos Estados Unidos, os cinemas foram forçados a encomendar novos cartazes, porque os antigos foram desbotando.[11]

É claro que *Uma nova esperança* foi um sucesso financeiro esmagador. Em setembro, tornou-se o filme mais bem-sucedido da história da Twentieth Century Fox.[12] Como resultado direto do desempenho do filme, o preço das ações do estúdio subiu vertiginosamente: saltou de US$ 6 para quase US$ 27 imediatamente após o lançamento do filme.[13] Em apenas alguns meses, *Uma nova esperança* superou *Tubarão* e se tornou a maior bilheteria de todos os tempos.[14] Quando sua primeira temporada nos cinemas finalmente terminou, tinha faturado US$ 307 milhões.[15]

Isso equivale a 240% dos ganhos da segunda maior bilheteria de 1977, *Contatos imediatos do terceiro grau*, que faturou US$ 128 milhões.[16] Também corresponde a cerca de seis vezes os ganhos

O FILME DE QUE NINGUÉM GOSTAVA 47

da quinta maior bilheteria do ano, *Uma ponte longe demais* — que arrecadou US$ 50,8 milhões, e a cerca de dezoito vezes os ganhos de *A maldição das aranhas*, que se classificava em décimo nas bilheterias, com US$ 17 milhões.[17] Se incluirmos os seus relançamentos e o preço das entradas ajustado pela inflação, *Uma nova esperança* faturou, numa estimativa, US$ 1,55 bilhão em bilheteria.[18] A título de comparação, esse número excede os lucros ajustados de *Avatar* em mais de US$ 600 milhões.[19] Considerado como valor do PIB, esse faturamento ultrapassa o produto interno bruto de Samoa em aproximadamente US$ 700 milhões.[20] (Quanto aos lucros ajustados pela inflação, apenas *E o vento levou* supera *Uma nova esperança*, e os lucros correspondentes não estão muito distantes. *Uma nova esperança* está confortavelmente à frente de *A noviça rebelde*, *E.T.: o extraterrestre*, *Titanic*, *Os dez mandamentos* e *Tubarão*.)

As cinco sequências e prequelas realizadas por Lucas também desfrutaram ótimos níveis de sucesso. *O Império contra-ataca* veio a arrecadar US$ 209 milhões em bilheteria durante a sua primeira temporada nos cinemas[21] e todos os filmes posteriores de Lucas faturaram bem mais que US$ 200 milhões em seus primeiros lançamentos.[22] *A ameaça fantasma* é provavelmente o pior do lote, mas, entre as duas trilogias, teve o mais alto valor nominal arrecadado. Uma vez ajustado o valor pela inflação (como se deve fazer), o filme ainda se situa na impressionante décima oitava melhor arrecadação de todos os tempos, apenas duas posições abaixo de *O retorno de jedi* e cinco abaixo de *O Império contra-ataca*. (*A ameaça fantasma* é melhor do que você pensa, com um monte de cenas que instigam a imaginação. Lembra-se da corrida de *pods*? E da luta impressionante com Darth Maul?)

Se *O despertar da Força* servir de parâmetro, Star Wars será um jedi financeiro por um longo tempo. No início de 2016, ele foi classificado como o décimo primeiro filme de maior sucesso de todos os tempos em termos de lucro ajustado pela inflação e, entre os filmes da série, apenas *Uma nova esperança* se saiu melhor. Em seu fim de semana de estreia, *O despertar da Força* faturou quase US$ 517 milhões no mundo inteiro. Os números norte-americanos chegaram a US$ 238 milhões, com US$ 120 milhões no primeiro dia inteiro e US$ 57 milhões só na noite de estreia. Colocando esses números em contexto, o recorde anterior dos EUA era de *Jurassic Park: o parque dos dinossauros*, com US$ 208 milhões.[23] *O hobbit: uma jornada inesperada* detinha o recorde anterior de maior bilheteria de fim de semana de estreia no mês de dezembro, com US$ 87,5 milhões, e *Avatar* — o filme de maior bilheteria da história — obteve relativamente comuns US$ 85 milhões no mercado doméstico durante o seu fim de semana de estreia.[24] *O despertar da Força* arrecadou US$ 1 bilhão mais rapidamente do que qualquer outro filme na história — levou apenas doze dias. Em termos de arrecadação não ajustada pela inflação, tornou-se o filme de maior bilheteria no mercado doméstico de todos os tempos apenas oito dias após a estreia.

Isso tudo são apenas números, é claro. Em termos da cultura, os números não chegam perto de capturar o impacto da série. *Avatar* foi um enorme sucesso econômico, e foi realmente bom, mas você consegue se lembrar de alguma fala ou cena sequer? Você consegue se lembrar de algumas coisas de *Titanic* ou de *O mágico de Oz* ou *E o vento levou* — mas, francamente, minha cara ou meu caro, eu não dou a mínima. Não estamos mais no Kansas; foi Star Wars que se tornou o rei do mundo.

Em todo o mundo, os presidentes sabem alguma coisa sobre a série, bem como senadores e juízes da Suprema Corte, e da mesma forma seus filhos, e também os seus pais. Se você quiser se relacionar com alguém que não conhece, tente falar sobre Star Wars. É muito melhor do que jogar conversa fora falando do tempo e é provável que funcione. (Uma exceção reveladora: estive recentemente em um jantar com refugiados sírios, uma família

O FILME DE QUE NINGUÉM GOSTAVA   49

maravilhosa, com cinco filhos. Nenhum deles tinha ouvido falar de Star Wars.) Logo após o lançamento de *O despertar da Força*, fui convidado para ir a Copenhague, na Dinamarca, para dar várias palestras sobre políticas públicas e regulamentação; meus anfitriões também queriam que eu falasse sobre Star Wars. Em celebrações de feriados em Nova York, em 2015, o tema principal não foi a corrida presidencial, nem Hillary Clinton, nem o Affordable Care Act,* nem mesmo a Rússia. A Força tinha despertado.

"NINGUÉM GOSTAVA DELE"

Mas há uma ironia aqui, e um grande quebra-cabeça também. Nos estágios iniciais, Lucas relata que *"ninguém* pensou que aquilo seria um grande sucesso".[25] Quando *Uma nova esperança* foi lançado, muitos profissionais do ramo pensaram que eles tinham um fracasso em suas mãos. Ao longo de sua produção, havia "uma apatia básica quanto ao projeto com a Fox" e muitos executivos tinham "pouca fé no filme ou em seu diretor".[26] É duro, mas é verdade: eles "esperaram, muitas vezes, que o filme simplesmente desaparecesse".

É revelador que, quando Lucas e sua equipe começaram a ficar sem dinheiro, Lucas teve de pagar usando o dinheiro ganho com *Loucura de verão* (que também foi um sucesso totalmente imprevisto). Sem essa infusão de dinheiro do próprio bolso do diretor, todo o projeto poderia muito bem ter desabado. Tampouco era a negatividade quase universal apenas um produto do medo sobre a natureza incomum de todo o projeto. (Droides?

---

* A Lei de Proteção e Cuidado ao Paciente, também conhecida como Obamacare, foi um pacote para a reforma do sistema de saúde norte-americano, incluindo novos benefícios, direitos, regras para planos de saúde, tributação, financiamento etc., proposto pelo presidente Barack Obama. [*N. do T.*]

50 O MUNDO SEGUNDO STAR WARS

A Força? Um velho chamado Obi-Wan? E interpretado por Alec Guinness? Sabres de luz?) Após o Conselho de Administração da Fox finalmente assistir a um trecho rudimentar do filme, não houve "nenhum aplauso, nem mesmo um sorriso. Nós ficamos realmente deprimidos".[27]

Mesmo durante os últimos estágios, o próprio Lucas "não achava que o filme viria a ser bem-sucedido". A maioria das pessoas no estúdio concordava: "o Conselho de Administração não tinha fé alguma nele".[28] Como prova de sua falta de fé, o estúdio achou por bem exibir apenas um trailer de inverno do filme, no Natal; e depois apenas uma vez mais, durante a Páscoa.

Espantosamente, a Fox parecia pensar que o filme não valia sequer o celuloide em que foi gravado.[29] O estúdio fez menos de cem cópias, o que causou um problema terrível quando multidões procuraram vê-lo. Muito mais otimista do que a maioria, o próprio George Lucas estimou que, pelo fato de os jovens poderem gostar do filme, ele poderia arrecadar US$ 16 milhões, tanto quanto um filme médio da Disney.[30] Ele afirmou que as chances de seu filme se sair muito melhor do que isso eram de "uma em um zilhão".[31]

"UM CARA GIGANTESCO VESTIDO DE CACHORRO"

Mesmo após o sucesso estrondoso do filme, Lucas disse: "Eu só esperava pagar os custos dele, ainda não consigo entender isso."[32] Sua então esposa e colaboradora próxima, Marcia Lucas, achava que *New York, New York*, de Martin Scorsese (filme que ela também ajudou a editar), se sairia melhor.[33]

De sua parte, os cinemas, cujo negócio consiste em saber do que as pessoas vão gostar, respondeu com muita cautela. A Fox esperava garantir US$ 10 milhões em pagamentos antecipados, mas obteve apenas uma fração disso: um humilhante US$ 1,5 milhão. Considerando *O outro lado da meia-noite* como seu filme mais promissor do verão, e para forçar o interesse no de Lucas, o estúdio advertiu os cinemas de que não o levariam se não levassem também *Uma nova esperança*.

Todo o marketing poderia ter entrado em colapso se não fossem os incansáveis esforços de Charley Lippincott, um amigo de Lucas, que tinha bastante fé no filme. Lippincott promoveu o filme agressivamente e ajudou-o a ingressar em um número reconhecidamente irrisório de 32 cinemas — um deles, o prestigiado e grande Coronet, em São Francisco. Como se provou, seu sucesso no Coronet realmente importava.

Imediatamente depois da estreia de *Uma nova esperança*, Lucas e sua esposa viajaram de férias para o Havaí. Eles queriam estar longe, não só porque precisavam de um período de férias, mas também porque, assim que as críticas surgiram, temiam que Lucas "tivesse acabado de lançar um fracasso".[34] No remoto Havaí, eles podiam escapar do que "Lucas tinha certeza de que seria um desastre".[35] Anos mais tarde, ele relatou que até mesmo seus amigos "não tinham fé alguma no filme. Tampouco o Conselho de Administração [do estúdio]... Ninguém gostava dele".[36]

Os atores concordavam. Anthony Daniels (C-3PO, é claro) disse que "havia um sentimento geral no set de que estávamos filmando um completo fracasso".[37] Harrison Ford relembra: "Havia aquele cara gigantesco vestido de cachorro circulando pelo set. Era ridículo."[38] David Prowse, que interpretou Darth Vader (embora, naturalmente, James Earl Jones tenha lhe emprestado sua voz marcante), afirmou que "a maioria de nós pensou que estava filmando um monte de lixo".[39] Mark Hamill também não estava otimista: "Lembro-me de pensar: é realmente difícil ficar sério fazendo essas coisas. Alec Guinness sentado ao lado de um wookiee — bem, o que há de errado com essa imagem?"[40]

Anos depois, Carrie Fisher admitiu: "Não se esperava que o filme fizesse o que fez; nada poderia ter feito o que ele fez."[41]

O designer de som, Ben Burtt, achava que o filme poderia ser um sucesso por algumas semanas: "O melhor que eu poderia imaginar era que iríamos começar a ter uma mesa na convenção de Star Trek no ano seguinte."[42] Mesmo depois das enormes multidões da estreia, Lucas disse: "Filmes de ficção científica arrebatam esse pequeno grupo de fãs de ficção científica. Eles assistirão a qualquer coisa na primeira semana. Basta esperar."[43] Como um estudioso de cinema resumiu os fatos, ninguém previu a admiração dos críticos e o fanatismo dos espectadores que sucedeu o lançamento de *Uma nova esperança*.[44]

Por que ninguém viu o que estava por vir? Os estúdios de cinema e os especialistas que neles trabalham não deveriam ser bons nesse tipo de coisa?

Episódio III

SEGREDOS DO SUCESSO

Star Wars foi impressionante, oportuno ou apenas uma história de muita sorte?

Em última análise, somos todos seres sociais e se não confiássemos uns nos outros a vida seria não apenas intolerável, mas sem significado. No entanto, a nossa dependência mútua tem inesperadas consequências. Uma das quais é que, se as pessoas não tomam decisões de forma independente — se, ainda que em parte, gostam de certas coisas porque outras pessoas também gostam —, então prever sucessos não é apenas difícil, mas, na verdade, impossível, não importa o quanto se saiba sobre os gostos individuais.

DUNCAN WATTS[1]

Por que alguns produtos (filmes, livros, programas de TV, músicas, políticos, ideias) fazem sucesso e outros não? Para responder a essa pergunta, vamos focar o fenômeno Star Wars e, ao mesmo tempo, tentar tirar lições gerais sobre o sucesso e

54 O MUNDO SEGUNDO STAR WARS

o fracasso, não só para produtos de todos os tipos, mas também para pessoas de todos os tipos.

Para sua consideração, aqui estão três hipóteses.

QUALIDADE

A primeira é que *a qualidade intrínseca é o que determina o sucesso.* Devido a sua energia, originalidade e ao seu espírito, a série Star Wars não poderia ter fracassado. É muito impressionante. De antemão, quase ninguém percebeu isso. Steven Spielberg foi uma exceção; ele a amou desde o início. Spielberg está certo sobre quase tudo, e estava certo sobre *Uma nova esperança.*

Lawrence Kasdan captura a grandiosidade da série desta forma: "É divertida, é deliciosa, é comovente pra cacete e você não a questiona muito."[2] Coisas grandiosas inevitavelmente vão logo para o topo (especialmente se elas são comoventes pra caramba). Com filmes, livros, música e arte não há mistério sobre o que tem sucesso e o que fracassa. Shakespeare, Dickens, Michelangelo, Mozart, Frank Sinatra, Beatles, Taylor Swift — todos estavam destinados ao sucesso. Você não consegue imaginar um mundo em que *Hamlet* ou *Rei Lear* fracassam. (Talvez possa imaginar um em que as pessoas não gostam de Taylor Swift, mas, se esse é o caso, lamento por você.) A qualidade é necessária, mas também é suficiente.

INFLUÊNCIAS SOCIAIS

A segunda hipótese é que *embora a qualidade intrínseca seja necessária, realmente não é suficiente; para um filme, livro ou obra de arte ser bem-sucedido, exige-se que influências sociais e câmaras de eco animem*

SEGREDOS DO SUCESSO

o público. Há muitas coisas fabulosas por aí, mas ninguém jamais ouviu falar da maioria delas. Algumas faíscas transformam-se em fogaréus, outras se apagam. O que muitas vezes importa é se um "efeito manada" é gerado, de modo que as pessoas começam a gostar de algo *porque acham que outras já gostam.* George Lucas produziu um filme fabuloso, ou dois, ou talvez até quatro, mas ele também foi extremamente sortudo, no sentido de que um maciço "efeito manada" tomou curso a seu favor. (J. J. Abrams teve um caminho muito mais fácil com *O despertar da Força,* porque a marca já era de sucesso.) E com alguma pequena reviravolta do destino, talvez ninguém tivesse ouvido falar de Lucas, Dickens ou Sinatra, ou até mesmo de Mozart, Shakespeare ou Taylor Swift.

Para testar essa afirmação, é claro, precisaríamos especificar termos como "influências sociais" e "câmaras de eco". Mas a ideia básica é que, mesmo que você tenha algo grandioso, o produto pode não chegar a lugar algum. (Olhe ao redor e você perceberá isso.)

O MOMENTO CERTO

A terceira hipótese é que o que importa é *a relação entre o produto e a cultura naquele determinado momento em que ele é lançado.* Alguns artistas e filmes atingem um nervo cultural específico e isso é tanto necessário como suficiente para o sucesso. De fato, são excelentes, mas, sem a vantagem do momento certo, falhariam. Outros artistas e filmes são fabulosos, mas a cultura não está pronta para eles, ou seu tempo já passou, e por isso eles fracassam. O que você precisa é *de ressonância cultural.*

A partir desse ponto de vista, Lucas seguramente atingiu o nervo certo. O primeiro lançamento de Star Wars não foi originalmente chamado de *Uma nova esperança,* mas todos o entenderam exatamente dessa maneira, porque era exatamente isso. Lucas o concebeu para jovens de 14 anos ou menos, e o filme se conectava com a criança em cada um de nós, que precisava de atenção, algum otimismo e alegria, naquele preciso tempo. Depois da terrível agitação da década de 1960 — os assassinatos de dois Kennedy, de Martin Luther King Jr., de Malcolm X —, uma nova esperança era exatamente o que as pessoas queriam. Lucas a entregou em uma nave espacial prateada.

Para alguns, era bom que o Império pudesse ser visto como os Estados Unidos ou, pelo menos, a administração Nixon (como o próprio Lucas sugeriu). Mas, para outros, não fazia mal o filme ser lançado nos estágios finais da Guerra Fria, quando o Império poderia ser facilmente associado com a União Soviética. (Foi uma coincidência que Ronald Reagan, em 1983, a tenha chamado de "um império do mal"?)

Da mesma forma, não é por acaso que as séries Harry Potter e Jogos Vorazes tenham decolado nas primeiras duas décadas do século XXI. Após os ataques de 11 de setembro de 2001, as pessoas queriam entretenimento que jogasse com ansiedades generalizadas sobre o mal (Voldemort como Osama bin Laden?) ou que desencadeassem sonhos sobre heroicos combatentes pela liberdade. Star Wars, Harry Potter e Jogos Vorazes tinham algo em comum: essas séries se encaixavam no zeitgeist. Harry Potter mostrou que, com um pouco de magia, os mocinhos poderiam triunfar. Jogos Vorazes conseguiu combinar ficção científica e aventura (coisas de meninos, por convenção) com um forte senso de romance (coisa de meninas, por convenção) e também jogou com ansiedades sobre tecnologia e vigilância. Obras artísticas de sucesso podem ser grandiosas, ou podem ser boas, ou podem ser péssimas, mas elas só têm sucesso se ressoam com a cultura.

Qual hipótese está certa?

SUGAR MAN

Para responder a essa pergunta, passemos a outro filme, que não tem nada a ver com naves espaciais ou droides. Em 2012, o Oscar de melhor documentário foi conferido a *Procurando Sugar Man*. O filme tem como foco um fracassado cantor e compositor de Detroit chamado Sixto Rodriguez, também conhecido como Sugar Man, que lançou dois álbuns no início de 1970. Ele é bom, ótimo até, mas você provavelmente nunca ouviu falar dele. Quase ninguém comprou seus discos e sua gravadora o abandonou.

De forma bastante sensata, Rodriguez parou de gravar e procurou trabalho como operário de demolição. Seus dois álbuns foram esquecidos. Rodriguez se juntou às fileiras de inúmeras pessoas que tentaram realizar algum tipo de sonho artístico apenas para descobrir que a concorrência é feroz e bem poucos conseguem sobreviver. Pai de família com três filhas, Rodriguez não era miserável. Mas trabalhar em demolições era uma luta para ele.

Tendo abandonado sua carreira musical, Rodriguez não tinha ideia de que havia se tornado um sucesso espetacular na África do Sul, um gigante, uma lenda, comparável aos Beatles e aos Rolling Stones. As pessoas falavam seu nome lentamente e com respeitoso temor, com reverência inclusive: "Rodriguez". Descrevendo-o como "a trilha sonora de nossas vidas", os sul-africanos compraram centenas de milhares de cópias de seus álbuns, começando na década de 1970. Seus fãs sul-africanos especularam sobre sua saída misteriosa da cena musical. Por que, de repente, parou de gravar? Segundo um rumor, ele se queimou até a morte no palco. *Procurando Sugar Man* trata do contraste entre a carreira fracassada do obscuro operário de demolições de Detroit e o renome do misterioso ícone do rock da África do Sul.

58   O MUNDO SEGUNDO STAR WARS

O filme é facilmente considerado um conto de fadas do mundo real, quase crível, uma história tão extraordinária que dá um novo significado à expressão "Só pode ser brincadeira!". Mas é um pouco menos extraordinária do que parece e oferece lições importantes sobre o sucesso e fracasso culturais — e sobre algo que realmente impulsionou *Uma nova esperança*.

Vamos começar por admitir que algum tipo de qualidade é geralmente necessário; se Rodriguez tivesse escrito músicas realmente terríveis, ele não teria conseguido sucesso na África do Sul. Mas muitas vezes a qualidade está longe de ser suficiente. (Isso vale para a primeira hipótese.) Para a maioria das coisas que têm um grande impacto cultural, as dinâmicas sociais são o fator crucial e você precisa de um pouco de sorte, como também de habilidade, para mover essas dinâmicas a seu favor. (A Rebelião fez exatamente isso, em *O retorno de jedi*, e da mesma forma o Imperador, em *A vingança dos sith*.) Quem está transmitindo entusiasmo para quem, e quão alto, e onde, e exatamente quando? As respostas podem separar o ícone do rock do operário de demolições e demarcar a linha entre o impressionante sucesso e o estrondoso fracasso. Uma compreensão daquelas dinâmicas nos diz muito sobre por que o sucesso e o fracasso são impossíveis de prever.

RESSOANDO COM A CULTURA

Nesta etapa, você pode querer voltar-se para a terceira hipótese e arriscar uma ideia sobre a cultura sul-africana na década de 1970. Talvez Rodriguez, com suas canções de protesto falando de liberdade e exclusão, tenha conseguido uma ressonância especial em uma nação que estava dividida pelo debate sobre o apartheid.

SEGREDOS DO SUCESSO

Talvez aí o público de Rodriguez — esmagadoramente jovem e branco — estivesse nitidamente, e mesmo especialmente, pronto para ele.

Provavelmente não. Havia muitos bons cantores no fim dos anos 1960 e início dos 1970 que falavam de protesto, liberdade e exclusão. (Naquela época, quase todos o faziam.) Na África do Sul, Rodriguez foi o único que emplacou. Por quê? Não é fácil dizer, exceto em retrospecto, talvez, que ele e a África do Sul foram feitos especialmente um para o outro.

Esse ponto é válido para muitos produtos que acabam por sair-se espetacularmente bem. Depois do fato em si, construímos histórias do tipo "porque sim" e elas são inteiramente plausíveis. Após a década de 1960, o mundo estava pronto para Star Wars e, depois dos ataques de 11 de setembro, o mundo estava pronto para Harry Potter, e também para *Mad Men*, e Jogos Vorazes, e Taylor Swift. Depois da crise financeira, *Garota exemplar* estava destinado a se tornar um best-seller, e *Mad Max* estava destinado a ser refilmado e ter sucesso.

De fato, os dois últimos exemplos não fazem qualquer sentido, mas esse é exatamente o meu ponto. Nós sempre podemos propor uma explicação de por que tudo que aconteceu estava destinado a acontecer, mas sabemos se será a correta?

Era então *Uma nova esperança* muito parecido com Rodriguez na África do Sul — um beneficiário de dinâmicas sociais favoráveis, o que catapultou o filme a um estupendo sucesso? Com um pequeno desvio ou virada, poderia *Uma nova esperança* ter sido como Rodriguez nos Estados Unidos — uma vítima de dinâmicas sociais desfavoráveis, que poderiam tê-lo transformado em fracasso, um dentre um grande conjunto de fracassados (mas às vezes grandes) filmes de ficção científica ou programas de TV? (Um exemplo fantástico: *Awake*, uma série de TV exibida em 2012 e que teve apenas uma curta temporada. Nunca foi um sucesso, mas é brilhante, e divertida também. Uau. Por que ela não encontrou a sua África do Sul? Veja-a!)

O MUSIC LAB

Alguns anos atrás, os cientistas sociais Matthew Salganik, Duncan Watts e Peter Dodds ficaram intrigados com a questão do sucesso e do fracasso cultural.[3] Seu ponto de partida foi de que, assim como os desafortunados que pensavam que *Uma nova esperança* seria um fiasco, aqueles que vendem livros, filmes, programas de TV e músicas com frequência têm muitos problemas prevendo o que vai ter sucesso. No entanto, alguns desses produtos obtêm um sucesso espetacular, muito maior do que a média — o que sugere, muito simplesmente, que aqueles que fazem sucesso devem ser mesmo muito melhores do que aqueles que não o fazem. Se são muito melhores, então por que é tão difícil fazer previsões?

Eis uma evidência concreta da dificuldade de previsão, mesmo entre os especialistas: em 1996, o manuscrito de J. K. Rowling para o primeiro livro da série Harry Potter foi rejeitado por não menos que doze editoras. Finalmente, a Bloomsbury aceitou publicá-lo, mas pagando como adiantamento um valor muito pequeno (1,5 mil libras). Até o momento, a série já vendeu mais de 450 milhões de exemplares no mundo todo. Por que nem mesmo uma daquelas doze editoras conseguiu contar com isso? Por que não houve uma enorme guerra de lances em um leilão?

Para explorar as fontes de sucesso e de fracasso cultural, Salganik e seus coautores criaram um mercado artificial de música em um site real, que chamaram de Music Lab. O site oferecia aos visitantes a oportunidade de ouvir 48 canções inéditas de

SEGREDOS DO SUCESSO

bandas desconhecidas. Uma canção, por exemplo, de uma banda chamada Calefação, é intitulada "Preso numa casca de laranja". (Eu concordo, esse é o pior título de todos os tempos.) Outra, da banda Sanduíche Hidráulico, se chama "Ansiedade de separação".

Os experimentadores separaram aleatoriamente metade dos cerca de 14 mil visitantes em um grupo com "juízo independente", dentro do qual eles eram convidados a ouvir pequenos trechos a fim de classificar as músicas e decidir se queriam baixá-las. Com relação a mais ou menos 7 mil visitantes, Salganik e seus coautores poderiam ter uma noção clara do que as pessoas realmente mais gostavam. Os outros 7 mil foram colocados em um grupo com "influência social", a quem se fazia exatamente o mesmo convite, com apenas um porém: eles podiam ver quantas vezes cada canção tinha sido baixada por outros participantes.

Aqui está a parte engenhosa do experimento: as pessoas no grupo com influência social também foram distribuídas aleatoriamente em oito subgrupos *nos quais elas podiam ver apenas o número de downloads em seu próprio subgrupo*. Nesses diferentes subgrupos, era inevitável que, como resultado de fatores aleatórios, diferentes canções atraíssem inicialmente diferentes números de downloads. Por exemplo, "Preso numa casca de laranja" poderia obter um forte apoio dos primeiros poucos ouvintes em um subgrupo, enquanto poderia arrebentar em outro.

A questão de pesquisa foi a seguinte: os números iniciais importam para determinar onde, afinal, as canções acabariam se situando na parada de sucessos dos pesquisadores? Você poderia esperar que a qualidade sempre prevalecesse — que a popularidade das canções, tal como medida por seus rankings de downloads, seria aproximadamente a mesma no grupo independente e em todos os oito grupos com influência social. Essa expectativa se encaixa na primeira hipótese: *Uma nova esperança* estava destinado ao sucesso.

Mas não foi isso que aconteceu, de forma alguma. "Preso numa casca de laranja" ora foi um grande sucesso, ora um fracasso total, dependendo se muitas outras pessoas inicialmente a baixassem e se esses downloads fossem vistos. Em suma, tudo estava ligado à popularidade inicial. Praticamente qualquer música podia acabar como Rodriguez na África do Sul ou Rodriguez nos Estados Unidos, *se os primeiros visitantes gostassem ou não*. É importante ressaltar uma qualificação: as canções que se classificaram muito bem no grupo independente raramente se classificaram muito mal e as canções que se saíram bastante mal no grupo independente raramente se saíram espetacularmente bem. Mas, afora isso, quase tudo podia acontecer.

Eis uma cautelosa e modesta leitura desses achados. Alguns produtos de fato estão destinados ao sucesso; outros realmente estão destinados ao fracasso. Se uma música é verdadeiramente sensacional, ele vai ser um sucesso. Mozart, Shakespeare e Dickens estavam destinados ao sucesso (e o mesmo pode ser verdade para *Uma nova esperança*). Se uma música soa horrível, ela vai fracassar. Se você não tem talento algum, pode esquecer. Mas, dentro de uma ampla variedade, canções podem ir muito bem ou muito mal e, dentro dessa variedade, você simplesmente não pode prever coisa alguma. Para a música, tudo parece depender de influências sociais — de algo como um ataque real dos clones.

Essa é uma leitura plausível do experimento do Music Lab, mas acho que é cautelosa demais (Salganik e seus coautores também pensam assim). De fato, não é provável que canções, filmes e livros terríveis tenham sucesso. Mas talvez os melhores não estejam destinados ao sucesso. Quase nada está. Afinal, o experimento do Music Lab foi bem controlado. Continha apenas 48 músicas. Nos mercados reais, elas existem em número incon-

SEGREDOS DO SUCESSO   63

tavelmente maior. E, nesses mercados do mundo real, a atenção da mídia, a aclamação da crítica, o marketing e a colocação dos produtos desempenham um grande papel. Lembre-se do trabalho indispensável de Charley Lippincott, que deu ao filme *Uma nova esperança* um grande impulso inicial.

Não chegamos a uma conclusão, mas a minha segunda hipótese — de que o sucesso de *Uma nova esperança* dependeu de sorte, na forma de influências sociais favoráveis — começa a parecer bastante razoável.

CUCO

Retornemos a J. K. Rowling e consideremos a saga de *O chamado do cuco*, um crepitante romance policial com um grande coração, publicado em 2013 por um autor desconhecido, Robert Galbraith. O romance recebeu algumas excelentes críticas, mas não vendeu bem. Sucesso de crítica, mas comercialmente um fracasso, parecia fadado a se juntar às fileiras dos muitos tipos literários à la Rodriguez — excelentes, talvez até melhor do isso, mas incapazes de obter um grande sucesso. Talvez Galbraith deixasse de ser escritor para tornar-se um operário de demolições.

Depois de um tempo, no entanto, uma pequena informação foi liberada para o público: "Robert Galbraith" era, e é, J. K. Rowling!

Em pouco tempo, *O chamado do cuco* saltou para a lista dos mais vendidos. A obra merecia isso, mas não poderia ter chegado lá sem a magia do nome de Rowling. É claro que essa não é bem a situação do Music Lab. *O chamado do cuco* emplacou não porque seus primeiros adeptos gostaram dele. Mas ocorreu algo similar. Seja qual for a sua qualidade, o romance precisava de algum tipo de impulso social e aquele nome mágico fez o truque. (Note-se também que, se o romance fosse terrível, ele teria despencado, mesmo com a ajuda do nome; a qualidade era necessária.) Galbraith/Rowling deu sequência a *O chamado do cuco* com dois outros romances (até o início de 2016). Ambos são fantásticos e todos deveriam lê-los. Mas eles também alcançaram grande sucesso, o que não teriam conseguido sem o nome de Rowling.

Ainda não está convencido? Considere um ardiloso experimento de Salganik e Watts.[4] Essa experiência baseou-se em seu trabalho com o Music Lab — mas eles inverteram os números reais de downloads, de modo a fazer com que as pessoas pensassem que as canções menos populares eram as mais populares e vice-versa. Se a qualidade é a força propulsora real, seria de se esperar que as piores canções acabassem despencando e as melhores subindo ao topo. Com certeza aconteceria algo assim?

De modo algum. Com a inversão, Salganik e Watts puderam transformar as piores canções nas grandes vencedoras. Eles também puderam transformar a maior parte das melhores canções nas grandes perdedoras. Aqui, como em seu experimento principal, a lição é que as pessoas prestam muita atenção nas coisas que as outras pessoas parecem gostar e informações sobre a popularidade podem fazer a diferença. O probleminha é que as melhores canções (mais uma vez, medidas pela real popularidade obtida no grupo independente) sempre acabavam se saindo muito bem; influências sociais não poderiam mantê-las embaixo.

Isso é altamente sugestivo, mas é razoável perguntar se é verdadeiro no mundo real. Suponha que alguém fez um filme terrível chamado *Star Cars* e que, de alguma forma, conseguiu inicialmente fazê-lo emplacar. Contudo, mesmo a curto prazo, esse filme vai fracassar. Robert Galbraith produziu um romance fantástico, mas até a autoria de Rowling ser revelada, a obra não vendeu tão bem.

"ESCRITO NA ÁGUA"

Se há figuras literárias que podemos considerar grandes, certamente as principais incluem William Wordsworth, John Keats, Jane Austen e William Blake. Na mesma medida, não estão incluídos George Crabbe, Robert Southey, Barry Cornwall, Leigh Hunt e Maria Brunton. Mas o importante estudo de H. J. Jackson sobre a reputação literária sugere fortemente que, mesmo para os maiores dentre os grandes autores, a casualidade, a contingência e a sorte desempenham um papel enorme.[5]

Em termos de características, Wordsworth, Crabbe e Southey foram elencados juntos durante suas vidas. O mesmo vale para Keats, Cornwall e Hunt, e também para Austen e Brunton. Se você perguntasse aos contemporâneos deles que nomes na lista seriam famosos no século XXI, não haveria consenso a favor de Wordsworth, Keats e Austen.

Jackson observa que Keats pode muito bem ser considerado o poeta mais amado de todos os tempos, mas, no momento da sua morte, ele acreditava ter falhado completamente em sua busca, algo desesperada, pela fama literária, deixando instruções para que sua lápide não contivesse seu nome, mas apenas estas lastimáveis palavras: "Aqui jaz alguém cujo nome foi escrito na água."[6] Na época de Keats, Cornwall era muito mais bem-sucedido; ele foi considerado o grande poeta, enquanto Keats era recepcionado com "indiferença ou hostilidade".[7]

Ligando a improvável ascensão de Keats a décadas de destaque após a sua morte, Jackson escreve: "Parece que sua reputação dependia menos dos esforços de indivíduos específicos do que de grupos, da sobreposição de redes de conhecidos que pensam parecido, começando em pequena escala, numa vibração coletiva que mais tarde se tornaria o zumbido da fama."[8]

(Keats era como Rodriguez na África do Sul?) Em termos de pura qualidade poética, as virtudes e os vícios da Cornwall se sobrepõem muito aos de Keats. (Cornwall era como Rodriguez nos Estados Unidos?)

A notável conclusão de Jackson, que ela torna bastante plausível, é que, "no que concerne à reputação, as diferenças entre eles são, em grande parte, pessoais e casuais".[9] No mínimo, é necessário conformar-se com o "enigma do sucesso de Barry Cornwall com o mesmo público que rejeitou Keats".[10] De fato, os seus contemporâneos situavam Cornwall muito acima de Keats e o hoje obscuro Hunt era classificado acima de ambos. E, se estivermos interessados em opiniões profissionais, vamos descobrir que Wordsworth, Samuel Taylor Coleridge e Lorde Byron, todos eles, classificavam Cornwall acima de Keats e Hunt.

Em termos de mudanças da reputação ao longo do tempo, Jackson enfatiza especialmente os efeitos "câmara de eco", que podem consolidar a imagem de um escritor.[11] Em sua época, Mary Brunton e Jane Austen eram quase igualmente bem-vistas, mas a primeira, é claro, desapareceu na obscuridade. Jackson adverte — e demonstra — que "o que aconteceu com Brunton — o desvanecimento gradual e a extinção de seu nome — poderia facilmente ter acontecido com Austen".[12] O próprio Blake, (fabuloso) escritor por longo tempo obscuro, foi um beneficiário de um projeto de recuperação altamente improvável e complexo, praticamente resgatando-o do esquecimento literário. Em sua época, suas obras "eram quase desconhecidas para seus contemporâneos".[13] A conclusão de Jackson é que "a sobrevivência a longo prazo depende mais de circunstâncias externas, posturas e vantagens casuais do que do valor literário inerente".[14]

Talvez as mais famosas figuras literárias sejam, na verdade, maiores do que aquelas que são desconhecidas. Mas talvez não.

SEGREDOS DO SUCESSO

Com um pouco de pressão ou um empurrãozinho, o cânone literário poderia exibir Crabbe, Hunt e Brunton. Talvez eles realmente sejam Rodriguez em Detroit ou o autor desconhecido de *O chamado do cuco*.

O QUE AS MULTIDÕES FAZEM

Voltemos ao Music Lab e tentemos explicar o que aconteceu lá. Como veremos, a explicação se relaciona diretamente com o sucesso da série Star Wars.

Efeitos de rede

Algumas coisas podem ser inteiramente desfrutadas por você mesmo. Você pode gostar de uma caminhada ao sol, ou de uma xícara de café, ou de um mergulho rápido, especialmente se estiver sozinho (ou não). Outros prazeres são secretos. Você pode adorar um programa bobo de televisão e não querer vê-lo na companhia de outra pessoa. Mas, por vezes, *o valor de um bem depende de quantas outras pessoas o estão usando*. Não é muito divertido ter um telefone se você for a única pessoa no mundo que tem um telefone. As pessoas usam Facebook porque muita gente usa o Facebook. Se o Facebook não tivesse sido capaz de construir uma rede, ele teria fracassado. Os *efeitos de rede* existem quando o valor aumenta com o número de usuários.

Star Wars não é exatamente um telefone, mas se beneficia muito dos efeitos de rede: é um entre uma gama de bens culturais sobre os quais as pessoas acham que devem estar informadas. Além de seus méritos intrínsecos, é bom saber sobre a série, de modo que você possa conversar com outras pessoas a respeito do assunto. Pode não ser muito divertido olhar vagamente quando alguém faz uma sagaz referência a Kylo, ou a Han, ou ao imperador Palpatine, ou a Rey, ou mesmo a Chewbacca. Se acha que as pessoas gostam de Star Wars e se concentram nela, você pode se juntar a elas sobretudo por uma razão: você não quer ser deixado de fora. Você quer ser parte do grupo.

Arion Berger observa que "é divertido participar de alguma sensação cultural",[15] e é exatamente isso o que Star Wars tem sido. Eis como Ann Friedman coloca a questão: "Em última análise, percebi, estava indo ver *O despertar da Força* porque todos os meus amigos estavam indo vê-lo, e os amigos de todas as outras pessoas também. Eu estava nas garras de um fenômeno cada vez mais raro: um verdadeiro evento cultural de massa."[16]

Menos de 24 horas depois do seu lançamento, o primeiro *teaser* de *O despertar da Força* tinha sido visto mais de 88 milhões de vezes.

Isso é um recorde nunca antes alcançado. Você pode ter certeza de que muitos espectadores estavam menos interessados em ver o trailer em si do que em serem capazes de discuti-lo com os outros. Como Berger observa, Star Wars é "ao mesmo tempo um artefato cult e um fenômeno incrivelmente popular".[17] Em uma era de fragmentação cultural, é um truque incrível e até socialmente precioso. Nessa era, as pessoas gostam de Star Wars e podem até mesmo necessitar de Star Wars.

Cascatas de informação

Uma importante explicação do sucesso cultural, que tem relação direta com *Uma nova esperança* e *O despertar da Força*, é conhecida por um desagradável nome: *cascatas de informação*. Simplesmente há por aí produtos demais, e também ideias demais. Nenhum de nós é capaz de colocar tudo em algum tipo de ordem. Por que exatamente você escolheu o romance que recentemente terminou de ler? Por que você está otimista ou mesmo animado em relação a esse político em especial? Normalmente, nós confiamos no que as outras pessoas estão ou parecem estar pensando. E, quando muita gente pensa ou faz algo, provavelmente seremos afetados.

Para ver como as cascatas de informação funcionam, imaginemos que sete pessoas estão em um grupo de leitura, tentando decidir qual o próximo livro a experimentar. Suponha que os membros do grupo estão anunciando seus pontos de vista em sequência. Cada pessoa presta atenção, de forma bastante razoável, ao juízo dos outros. Leia é a primeira a falar. Ela sugere que o novo livro de Robert Galbraith seja o escolhido. Finn agora conhece o juízo de Leia; ele deveria certamente se juntar à opinião dela se também se empolga com o livro. Mas suponha que ele realmente não conheça tal juízo; se confiar em Leia, ele poderá simplesmente concordar — sim, vamos experimentar a leitura de Galbraith.

Agora passemos a uma terceira pessoa, Luke. Suponha que tanto Leia como Finn tenham dito que querem experimentar a leitura de Galbraith, mas que a própria visão de Luke, com base em informação limitada, é de que não é provável que o livro seja muito bom. (Luke está errado, porque Galbraith/Rowling é incrível, mas vamos deixar isso de lado.) Mesmo que Luke tenha esse ponto de vista, ele poderia muito bem ignorar o que sabe e simplesmente seguir Leia e Finn. Não porque Luke é um covarde. É provável, afinal de contas, que tanto Leia quanto Finn tenham razões para tal entusiasmo. A menos que Luke pense que sua informação é realmente melhor do que a deles, ele deve seguir a linha dos outros dois.

Se fizer isso, Luke estará em uma cascata. De fato, Luke vai resistir se tiver razões suficientes para pensar que Leia e Finn estão sendo tolos. Mas, se essas razões lhe faltarem, é provável que os siga.

Suponha que agora seja a vez de Han, Chewbacca, Biggs e Rey expressarem seus pontos de vista. Se Leia, Finn e Luke disseram todos que Galbraith é o autor a ser lido, cada um deles provavelmente chegará à mesma conclusão, ainda que tenham alguma razão para pensar que outra escolha seria a melhor. O truque nesse exemplo é que o juízo inicial de Leia começou um processo pelo qual várias pessoas são levadas a participar de uma cascata, levando todo o grupo a optar por Galbraith. (Como veremos, movimentos políticos, incluindo rebeliões e resistência, muitas vezes começam dessa maneira.)

Esse é, obviamente, um exemplo muito artificial. Mas o ponto básico deve ser simples. As pessoas aprendem com as outras, e se algumas parecem gostar de algo, ou querem fazer algo, você pode gostar do mesmo ou querer fazer o mesmo. Pelo menos é assim desde que você não tenha razão para desconfiar das pessoas e não tenha uma boa razão para pensar que estão erradas.

As cascatas de informação tendem a ser frágeis e se estiverem conduzindo as pessoas para direções ruins elas geralmente se rompem. Se as pessoas do nosso pequeno grupo de leitura convergirem para um livro ruim, descobrirão isso cedo o bastante; e, se conversarem com outras pessoas, é improvável que outros grupos venham a ler aquele livro. O boca a boca se espalha rapidamente, o que torna as cascatas tanto inevitáveis como altamente vulneráveis.

Uma nova esperança se beneficiou muito de uma cascata de informação, mas, se o filme não fosse fantástico, não teria passado de um mero modismo.

Cascatas de reputação

Às vezes, as pessoas prestam atenção nas opiniões dos outros porque querem saber o que é bom. Mas, às vezes, o que elas realmente querem é que os outros gostem delas, ou pelo menos que não desgostem. É por isso que seguem as opiniões e ações dos outros. Se a maioria está entusiasmada com uma nova música ou um novo filme, elas poderiam mostrar entusiasmo também, ou pelo menos ouvir ou olhar. A questão subjacente aqui envolve conformidade.

Em uma cascata de reputação, as pessoas pensam que sabem o que é certo, ou o que provavelmente é certo, mas mesmo assim acompanham a multidão a fim de manter a boa opinião dos outros. Suponha que Boba sugira ser espetacular o novo filme *Star Cars* e Kylo concorde com Boba — não porque realmente pense que Boba está certo, mas porque não quer parecer, para Boba, algum tipo de tolo ou idiota. Se Boba e Kylo disserem que o novo filme *Star Cars* é ótimo, Rey não poderia contradizê-los publicamente e até mesmo poderia aparentar compartilhar o seu juízo — não porque ela acredita ser um juízo correto, mas porque não quer enfrentar a hostilidade ou perder a sua boa reputação diante deles.

Deve ser fácil ver como esse processo poderia gerar uma cascata a favor de *Star Cars*. Como Boba, Kylo e Rey oferecem uma frente unida sobre a questão, o seu amigo Poe poderia relutar em contradizê-los, mesmo pensando que eles estão errados. A opinião aparentemente compartilhada de Boba, Kylo e Rey carrega a informação; é possível que estejam certos. Contudo, mesmo que Poe tenha motivos para crer que os demais estão errados, ele pode não querer enfrentá-los em público. Seu próprio silêncio vai ajudar a construir a pressão de reputação sobre os seguidores.

72   O MUNDO SEGUNDO STAR WARS

FAMOSO POR SER FAMOSO

O que nos leva às nossas três hipóteses sobre o sucesso de *Uma nova esperança*. Infelizmente, eu não vou ser competente o suficiente para escolher entre elas, mas há algo a dizer a favor de cada uma.

O maior filme já visto?

Vamos começar com a questão da qualidade. Após o seu lançamento, *Uma nova esperança* foi, é claro, imediatamente reconhecido como algo especial. Nenhuma explicação de seu sucesso pode ignorar esse fato. Na verdade, algumas pessoas gostaram do filme antecipadamente. Vimos que os executivos da Fox foram ambivalentes ou negativos, mas um deles, Gareth Wigan, chorou durante uma sessão de exibição limitada e concluiu que aquele era "o maior filme já visto [por ele]".[18] Em uma sessão prévia, algumas semanas mais tarde, Steven Spielberg imediatamente o rotulou de "o maior filme já feito".[19]

O interesse do público explodiu no início, o que sugere que a faísca foi a apreciação de como era maravilhoso, em vez das influências sociais. Na sua primeira exibição para o público em geral, a plateia já começou torcendo animadamente e só parou quando subiram os créditos.[20] No Coronet, cinema que Lippincott tinha trabalhado tão duro para reservar, as filas davam volta no prédio. Seu gerente assim descreveu a cena: "Pessoas mais velhas, jovens, crianças, grupos de Hare Krishnas. Eles trazem cartas para jogar na fila. Temos jogadores de damas, jogadores de xadrez; pessoas com tinta e lantejoulas em seus rostos. Tantos comedores de frutas como eu jamais havia visto, pessoas sob efeito de maconha e LSD."[21]

No cinema Avco, em Los Angeles, o gerente informou que teve de mandar embora 5 mil pessoas no fim de semana do Memorial

SEGREDOS DO SUCESSO

Day, feriado nacional que honra todos os norte-americanos que morreram no exercício do serviço militar. E antes que esses aspirantes a espectadores pudessem ao menos começar a entrar nas filas, muitas vezes tinham de lidar com engarrafamentos no entorno dos cinemas, o que desencorajava o uso de carros como opção para chegar a uma sessão.[22]

Em geral, as avaliações iniciais foram extremamente positivas; em alguns casos, arrebatadoras.[23] O influente crítico de cinema do *New York Times* Vincent Canby classificou o filme como "o mais elaborado, caro e belo episódio cinematográfico já feito".[24] Uma resenha espetacular na *San Francisco Chronicle* descreveu-o como a obra "mais visualmente impressionante" desde *2001: uma odisseia no espaço*,[25] elogiando-o, ao mesmo tempo, como "intrigantemente humano no seu âmbito e seus limites". Joseph Gelmis, do *Newsday*, foi mais longe ainda, coroando *Uma nova esperança* como "um dos maiores filmes de aventura já feito" e uma "obra-prima do entretenimento".[26]

Revistas populares mostravam histórias não só sobre o filme, mas também a respeito do fenômeno. "Todo programa de notícias da TV tinha um segmento sobre as multidões esperando para ver esse incrível filme."[27] No Oscar daquele ano, *Uma nova esperança* foi indicado para nada menos do que dez categorias, incluindo Melhor Filme. Conquistou sete estatuetas. Décadas depois, inúmeros diretores lembram-se de ter visto o filme e ficado impressionados.

Ridley Scott disse que se sentiu "tão inspirado a ponto de [ele] mesmo querer filmá-lo".[28] Peter Jackson disse que "ir ver *Uma nova esperança* foi uma das experiências mais emocionantes que eu já tive na minha vida".[29] Saul Zaentz — um produtor de cinema de renome que ganharia três Oscar — pode ter sido o que mais se impressionou. Ocupando uma página em *Variety*, ele escreveu uma carta aberta a Lucas e sua equipe, felicitando-os por "terem

74 O MUNDO SEGUNDO STAR WARS

dado à luz um filme perfeito [. O] mundo inteiro se alegrará junto com vocês".[30]

Para uma geração, Jonathan Lethem captura o sentimento desta forma:

> No verão de 1987, eu vi Star Wars — o original [*Uma nova esperança*], que é tudo o que eu quero discutir aqui — 21 vezes... Mas o que realmente ocorreu dentro do intervalo secreto daquela experiência? Que emoções se escondem dentro daquele ridículo templo de horas? *Mas que porra eu estava pensando?* [...] Eu era *desde sempre* um fanático por Star Wars.[31]

É difícil superar o grande Lethem, mas Todd Hanson faz exatamente isso:

> Era tão claro como o dia, um truísmo que não precisava ser justificado, um axiomático *fato da natureza*, que Star Wars era melhor que qualquer outra coisa que você já havia encontrado antes. Isso era simplesmente *óbvio*, as crianças nem sequer precisavam dizer umas às outras; era simplesmente Sabido, era Entendido. E não apenas melhor, mas muito melhor: dez, vinte vezes mais legal do que a última coisa mais legal que já tínhamos visto... Ele ofuscava o que quer que estivesse em segundo lugar; você não podia sequer *ver* o segundo lugar. O segundo lugar estava em algum lugar fora do pé da página.[32]

Então, no fim das contas, talvez o filme estivesse destinado ao sucesso. Lembre-se da condição do "juízo independente" do experimento do Music Lab, segundo a qual as pessoas tomavam suas decisões sem referência aos pontos de vista de quaisquer outras. Se as pessoas vissem filmes isoladamente, e não ficassem sabendo do que os outros pensam ou não lessem comentários, haveria uma boa chance de que *Uma nova esperança* ainda tivesse sido um enorme sucesso.

De fato, nós teríamos que perguntar: nessas circunstâncias, como as pessoas teriam sido capazes de saber sobre o filme? Mas as pessoas razoáveis poderiam argumentar que *Uma nova esperança* é muito parecido com as músicas que estavam precisamente no topo no experimento do Music Lab, no sentido de que, independentemente do que aconteceu nos estágios iniciais, o filme iria emplacar. Era simplesmente original demais, legal demais e incrível demais.

Um clube exclusivo?

Possivelmente foi isso mesmo, mas consideremos a segunda hipótese. Algumas pessoas, incluindo o teórico social Duncan Watts (coautor dos artigos sobre o Music Lab), pensam que, essencialmente, nada está destinado ao sucesso. Até mesmo a maior das obras deve se beneficiar de influências sociais. Sim, com certeza, isso vale para Shakespeare e Da Vinci também.

Para *Uma nova esperança*, houve uma cascata de informação, no auge, e uma cascata de reputação também; e os efeitos de rede ajudaram muito. A mídia pode estimular tais cascatas, e ela certamente fez isso por George Lucas. No mesmo dia em que o filme estreou, a resenha do *Washington Post* previu que seria um sucesso "esmagadoramente popular",[33] que poderia "aproximar-se da popularidade fenomenal de *Tubarão*", em certa medida o filme mais bem-sucedido de todos os tempos. Apenas cinco dias após o seu lançamento, a revista *Time* o rotulou como "o melhor filme do ano".[34]

Um ponto para a segunda hipótese: seu sucesso era auto-perpetuante. Desde o fim de semana de estreia, histórias sobre a popularidade de *Uma nova esperança* e as filas frenéticas que atraiu correram na mídia em todo o país.[35] Em junho, a *Variety* publicou um artigo explorando como telefonistas tinham ficado sobrecarregadas com solicitações de números de telefone de cinemas exibindo *Uma nova esperança*.[36] Essas telefonistas, de acordo com a *Variety*, foram obrigadas a memorizar os números dos cinemas quando se viram lidando com uma centena de chamadas por hora.[37]

Houve até efeitos literais de rede. O âncora da CBS News Walter Cronkite — o homem mais confiável da América, a voz da nação — normalmente não se concentrava em filmes, muito menos naqueles que lidavam com o Percurso de Kessel e cavaleiros jedi. Mas ele dedicou um tempo para *Uma nova esperança* nas primeiras semanas do verão.[38] Assim como no Music Lab, a popularidade inicial estimulou um interesse adicional.

De acordo com J. W. Rinzler, o mais próximo de um biógrafo oficial da série, as filas gigantescas que continuaram a se formar para ver *Uma nova esperança* durante todo o verão foram "alimentadas, em grande parte, pela comunicação pessoa a pessoa".[39] Em uma intrigante e rápida análise, Chris Taylor escreve que, embora o "boca a boca na comunidade de ficção científica" tenha chamado os fãs da primeira semana, e os "apaixonados comentários", produzido espectadores para a segunda e terceira semanas, "novas histórias sobre o tamanho das multidões trouxeram a multidão do pós-Memorial Day".[40] Essa é uma descrição clássica de uma cascata.

Como Taylor coloca, *Uma nova esperança* era "mais do que a soma de sua bilheteria. Era famoso por ser famoso".[41] Taylor cataloga os efeitos iniciais de rede, sobre os quais um livro inteiro poderia facilmente ser escrito. As pessoas que assistiam ao filme "estavam familiarizadas com nomes engraçados de ouvir e os bordões"; os espectadores "tinham se juntado a um clube exclusivo que conhecia 'a Força', mesmo que todo mundo tivesse uma teoria diferente sobre o que ela realmente era".[42] Stephen Colbert informou que depois de ver *Uma nova esperança*, ele e seus amigos voltaram para a escola conscientes de que "tudo era diferente agora".[43] Ann Friedman, mais uma vez: "Ele oferece às plateias fragmentadas uma chance de lembrar como é fazer parte de algo grande que atravessa linhas culturais e geracionais [...] É bom deixar o seu nicho e experimentar o que é verdadeiramente universal de vez em quando."[44]

O filme perfeito para a época?

Mas será que *Uma nova esperança* também se conecta com o zeitgeist? Será que tem uma ressonância especial com a sua época específica? Lucas acabou produzindo, deliberadamente ou por acaso, o que o público mais queria naquele momento? Muitas pessoas pensam assim. Segundo certo ponto de vista, o filme veio num momento em que o público norte-americano, traumatizado por uma série de eventos desmoralizantes, tinha uma necessidade premente de algum tipo de mitologia edificante. O crítico de cinema A. O. Scott capta uma opinião generalizada ao insistir que o sucesso do filme "representava o que parece ser o produto inevitável de forças demográficas e sociais".[45] Taylor constata igualmente que, na dia de lançamento de *Uma nova esperança*, o índice Dow Jones estava em seu nível mais baixo em dezesseis meses, Nixon estava sendo entrevistado por David Frost e as "impressões digitais da guerra [do Vietnã] estavam por toda parte".[46] Por sua vez, o teólogo David Wilkinson aponta o declínio da economia nacional, as preocupações ecológicas emergentes, as memórias frescas do Vietnã, os perigos persistentes coloca-dos pela Guerra Fria, o escândalo Watergate e a paralização do programa espacial como fatores que criavam um clima propício para o sucesso de *Uma nova esperança*.[47]

No documentário *Star Wars: o legado revelado,* a jornalista Linda Ellerbee observa que "não era um momento de esperança na América [...] nós éramos cínicos, estávamos decepcionados, o preço do petróleo subia pelas paredes [e] o nosso governo tinha nos deixado para baixo".[48] Nas palavras de Newt Gingrich, "o país tateava desesperadamente pela mudança real. Star Wars surgiu e revalidou uma mitologia central: de que existe o bem e o mal, e que o mal tem de ser derrotado".[49] De fato, num momento em que o presidente Jimmy Carter incentivava os norte-americanos a "fazer sacrifícios" e "viver comedidamente", era possível esperar que saudassem uma fantástica aventura há muito tempo, em uma galáxia muito, muito distante.[50]

Mas talvez não. A explicação cultural, enfatizando o zeitgeist, pode ser apenas uma maneira de agarrar-se desesperadamente a qualquer coisa. Para ver por que esse poderia ser o caso, considere este pequeno teste:

> À luz da situação única dos Estados Unidos no final de maio de 1977, Uma nova esperança *estava destinado a ter sucesso porque* [preencha o espaço aqui].

Você poderia apontar a economia: o mercado de ações, a taxa de inflação, a taxa de desemprego. Você poderia apontar a situação internacional: a Guerra Fria, a União Soviética, China ou Cuba. Você poderia apontar Watergate e suas consequências. Você poderia falar do movimento pelos direitos civis. Poderia dizer algo sobre tecnologia — o entusiasmo nacional e a ambivalência dessa questão. De certo ponto de vista, *Uma nova esperança* falou de uma vez só de todas essas coisas e por essa razão estava destinado a ter sucesso.

Não se pode provar que alguma dessas explicações esteja errada. O problema é que não se pode provar que alguma esteja certa. Para ver o porquê, tente fazer o mesmo teste, mas substituindo a data por dezembro de 2015 e usando *O despertar da Força* como o filme. Seria fácil preencher o vazio com uma referência aos efeitos da Grande Recessão de 2008, à ascensão do Estado Islâmico, novas preocupações sobre a tecnologia ou a polarização política. As pessoas precisavam de um ânimo! E *O despertar da Força* certamente o forneceu.

Mas essa explicação é correta ou apenas um tipo de história, até mesmo um conto de fadas?

Para ver o problema, suponha que *Uma nova esperança*, ou algo bastante semelhante, e com os ajustes apropriados para o estado da arte do cinema no momento, tenha sido lançado em 1957, 1967, 1987, 1997, 2007, 2017 ou 2027. Teria sido um sucesso ou um fracasso? Eu digo que teria sido um sucesso. Se assim for, as pessoas inteligentes poderiam ter se saído muito bem neste teste de redação: *À luz da situação única dos Estados Unidos no final de maio de* [preencha com o ano], *Uma nova esperança estava destinado a ter sucesso porque* [preencha o espaço aqui]. Seja qual for o zeitgeist — pelo menos dentro do razoável —, *Uma nova esperança* poderia facilmente vir a ser um sucesso estrondoso.

O resultado: sempre que dizemos que um produto é bem-sucedido porque condiz, de forma excepcional, com o momento, podemos estar certos, mas podemos estar apenas contando uma história, não explicando alguma coisa. O risco de explicações do tipo "o momento perfeito" aumenta para livros, música e filmes, para os quais não dispomos de testes controlados randomizados e porque é fácil dizer que o sucesso se deve a uma crise econômica, ou a uma retomada econômica, ou a um protesto por direitos civis, ou a um ataque terrorista. Fácil — mas certo?

LINHAS FINAIS

Cobrimos até aqui um bom território, por isso vamos recapitular.

Alguns produtos culturais são os equivalentes do mundo real dos ganhadores no experimento do Music Lab. Depois do fato, podemos dizer que o seu sucesso foi inevitável, porque eles são ótimos, e porque todo mundo, ou muita gente, acha que eles são ótimos. Mas eles precisam de uma ajuda inicial. Sem ela, eles se parecem muito com Sixto Rodriguez ou Robert Galbraith no início. *Uma nova esperança* teve essa ajuda inicial. Logo após o seu lançamento, o filme era famoso por ser famoso e as pessoas queriam vê-lo porque todo mundo parecia estar vendo. Desde 1977, essa tem sido sua grande sorte. *O despertar da Força* beneficiou-se grandemente de efeitos de rede. Em um mundo balcanizado, as pessoas o veem porque não querem ficar de fora. Star Wars é um pouco como a *Mona Lisa* — realmente famoso, e mais do que bom, mas beneficiário de uma norma cultural ("Isso, você tem que ver") que estava longe de ser inevitável.

Alguns produtos são bem-sucedidos porque chegam exatamente no momento cultural certo. Bob Dylan é ótimo, na minha opinião, um gênio, mas seus talentos e gostos eram claramente adaptados ao início dos anos 1960. "Blowin' in the Wind", "A Hard Rain's A-Gonna Fall" e "Like a Rolling Stone" — todas elas se encaixam bem no momento em que foram lançadas. Provavelmente teriam parecido feias, ou incrivelmente confusas, no início dos anos 1940 ou 1950, e nas décadas de 1970 ou 1980 poderiam ter parecido ingênuas (no caso das duas primeiras canções) ou ultrapassadas (no caso da terceira).

Realmente, Dylan é genial, e também camaleônico, até mesmo metamórfico. Por essa razão, ele poderia muito bem ter descoberto algo grande, mesmo se tivesse nascido décadas mais cedo ou mais tarde. Mas mesmo que Dylan seja um gênio, ele precisava de

SEGREDOS DO SUCESSO

muita sorte, e de maiúsculos efeitos de rede, para fazer o grande sucesso no momento em que o fez, mesmo com a ressonância cultural. E não há dúvida de que o seu distintivo ajuste com o seu tempo era indispensável para o sucesso do particular Bob Dylan que de fato o fez.

Mas talvez *Uma nova esperança* seja simplesmente tão deslumbrante que se torna necessário, ou bastante útil, falar de alguma ligação especial com a cultura da época. Lembre-se da cena de abertura, com o Destróier Imperial que parece ser incrivelmente grande. Parece real. Você o vê desde baixo. As plateias aplaudiam espontaneamente. No momento em que o filme termina, elas têm muito mais motivos para festejar. Ele as atinge onde vivem. Elas ainda o estão festejando.

Decerto que *Uma nova esperança* se beneficiou com efeitos de cascata e de rede. Por certo, ressoou com a cultura da década de 1970. Mas estava destinado a estourar. Porque o filme é bom demais.

Episódio IV

TREZE FORMAS DE OLHAR STAR WARS

Cristianismo, Édipo, política, economia e Darth Jar Jar

Houve um despertar. Você o sentiu?

SNOKE

Ao contrário de uma plataforma política ou de um tratado religioso, Star Wars não diz a você o que pensar; faz, sim, um convite à especulação. Você pode compreender a série de diferentes formas, contraditórias até. É claro que a Força é um campo de energia. (Todo mundo não sabe isso?) Mas a Força é Deus ou pelo menos algo espiritual? Os seres humanos a criam? Ou ela é parte da natureza? Qual é, exatamente, a relação entre o Lado Luminoso e o Sombrio? O que significa "restaurar o equilíbrio" da Força?

A saga não é exatamente opaca, como o (insuportável!, pseudoprofundo!) *2001: uma odisseia no espaço*, de Stanley Kubrick. Mas a Jornada de qualquer Herói pode abrigar múltiplos significados. Essa é uma das melhores características de Star Wars. Se fosse

84   O MUNDO SEGUNDO STAR WARS

mais didática ou fechada, seria muito menos interessante, com muito menos chance de ressoar da maneira como ressoa.

Para obras de textura aberta, atos de interpretação — *incluindo aqueles realizados pelos que dão continuidade aos textos que eles mesmos começaram* — têm um traço criativo. Eles não são meras escavações. Eles envolvem escolha. É verdade que qualquer interpretação tem que se adequar ao material. Você não pode dizer facilmente que Star Wars, na verdade, trata dos males dos gastos deficitários, do problema das mudanças climáticas ou da importância de aumentar o salário mínimo. Mas os intérpretes têm bastante espaço para compreender a série de uma forma que se encaixa com suas próprias preocupações mais profundas.

Com desculpas e uma saudação a Wallace Stevens [autor do poema "Treze formas de olhar um melro"], aqui estão treze formas de olhar Star Wars. A maioria tem fontes plausíveis nos filmes. Algumas são malucas, mas, ainda assim, inteligentes e, em alguns aspectos, as melhores de todas.

1. CRISTIANISMO

A série, você poderia insistir, não é realmente sobre a tragédia de Darth Vader; é uma história essencialmente cristã sobre sacrifício, amor e redenção. Afinal, Anakin Skywalker nasceu de uma virgem, não tem um pai humano. Ele acaba sendo uma figura semelhante a Cristo, morrendo pelos pecados da humanidade, que ele encarna e simboliza. Baseando-se no monomito de Campbell, Lucas produziu uma reconstrução altamente imaginativa da vida de Jesus, na qual a figura do Cristo é o pecador, incapaz de resistir a Satanás até o fim, quando sacrifica tudo pela sua criança (e simbolicamente por todas as crianças).

TREZE FORMAS DE OLHAR STAR WARS   85

Lembre-se de que é a promessa da imortalidade (para seus entes queridos) que acaba sendo a maçã de Satanás. É assim que a serpente seduz Anakin, convencendo-o a desistir de sua própria alma. (Portanto, há uma barganha faustiana aqui também.) Mas, ao sacrificar sua própria vida, Anakin derrota o grande tentador — e recebe sua alma de volta no processo. Amando seu filho e matando Satanás, ele restaura a paz na Terra. (Então não é por acaso que o palavra *paz* aparece nos letreiros iniciais de *Uma nova esperança* e de *O despertar da Força*. E Cristo é, claro, o Redentor.)

Isso é uma história essencialmente cristã. "Agora, pois, permanecem a fé, a esperança e o amor, estes três, mas o maior destes é o amor" (1 Coríntios 13:13).

Ou talvez Luke seja a figura real de Cristo: o Filho. Tendo passado os seus anos de juventude no equivalente do ermo (a fazenda), ele por fim sacrifica sua autonomia, de certo modo a sua vida, pela humanidade. Talvez Star Wars tenha o próprio tipo de Santíssima Trindade: Anakin, Padmé e Luke. Star Wars oferece uma releitura provocativa da história bíblica, na qual Luke sem dúvida se parece com Jesus, mas que, com sucesso, evita qualquer tipo de crucificação e cujo Pai é aquele que morre duas vezes (em sua batalha com Obi-Wan e depois novamente com Luke e o imperador) e ascende duas vezes também (pela primeira vez, em sua armadura, caído; finalmente, como um pecador arrependido, salvo).

As ressonâncias teológicas da série são inconfundíveis e o cristianismo paira sobre ela; parece estar entrelaçado em seu próprio tecido. Toda a história é sobre a liberdade de escolha — uma boa notícia — e redenção. É de admirar que se possa facilmente encontrar livros com títulos como *O Evangelho segundo Star Wars*, *Jesus Star Wars* e *Encontrando Deus em uma galáxia muito, muito distante*?

2. ÉDIPO JEDI

Mas talvez não seja nada disso. Talvez Star Wars seja mais bem entendida como algo muito diferente, uma história profundamente edipiana sobre pais, filhos e mães indisponíveis. Freud é a fonte certa, não a Bíblia. Pode haver um complicado fundo sexual e talvez Star Wars seja sobre vários tipos de desejo.

O órfão Anakin está numa busca desesperada por algum tipo de forte figura paterna, sobre quem ele é inevitavelmente ambivalente. Em primeiro lugar, tal figura é Qui-Gon; então é Obi-Wan; e, finalmente, o imperador. Anakin, o filho simbólico, acaba sendo responsável pela morte do terceiro e, indiretamente, pela do primeiro — e tenta vigorosamente matar o segundo. Apaixona-se, ainda, por Padmé, muito mais velha que ele, sem dúvida uma figura materna. "Você é um menino engraçado", diz ela no primeiro encontro com ele. "Annie, você sempre será aquele garotinho que conheci em Tatooine", diz ela depois de uma longa ausência, quando ele já está crescido. Não é isso exatamente o que mães pensam dos seus meninos? (E ela se apaixona por ele!)

O caminho de Anakin para o Lado Sombrio só começa quando sua mãe é morta. Em certo sentido, é apaixonado por ela. Não são todos os filhos apaixonados por suas mães? Desse ponto de vista, a tragédia de Darth Vader é uma complexa e psicologicamente aguda (ainda que um tanto perturbadora) reformulação da história de Sófocles.

A história de Luke é igualmente fácil de se entender em termos edipianos. Ele não tem pai nem mãe. Sua juventude é uma busca altamente ambivalente por ambos. Ele tem de fazer uma escolha entre os vários candidatos à paternidade, que estão muitas vezes concorrendo ferozmente por sua devoção filial: tio Owen, Obi--Wan Kenobi, mestre Yoda, Darth Vader e o imperador. Significativamente, Luke pode ser considerado responsável *pela morte de todos, exceto um.* (O velho Yoda é a exceção, e mesmo a sua morte pode ser considerada ambígua.) Ele é Édipo, mas este Édipo em particular perde a mãe, porque seu pai, em certo sentido, a matou. Esse é o seu próprio tipo de tragédia.

A qualificação fundamental é que esse Édipo ama, e redime, seu Pai Sombrio, mas a redenção só vem depois de tentar matá-lo, e de quase fazê-lo. Isso não é interessante? Não poderia um bom freudiano fazer a festa com isso? Desse modo, a reformulação de *Édipo Rei* é que o amor do filho por seu pai triunfa sobre sua raiva. O perdão acaba superando tudo.

Sendo Anakin ou Luke o Édipo da história, não há dúvida de que os ecos freudianos em Star Wars ajudam a explicar o seu apelo. Pode ser Flash Gordon, mas os bastidores psicológicos são bastante complicados. E, claro, Kylo Ren de fato acaba matando o próprio pai, hediondamente, tornando assim o tema edipiano inequivocamente claro em *O despertar da Força*.

3. FEMINISMO

Do ponto de vista feminista, o enredo de Star Wars é horrível e um pouco embaraçoso, ou realmente fantástico e inspirador? Ninguém pode duvidar que *O despertar da Força* grita fortemente pela igualdade entre os sexos: Rey é a heroína inequívoca (o novo Luke!) e consegue bater forte no Lado Sombrio. (Basta olhar para a expressão em seu rosto quando ataca Kylo.) Há também a general Leia Organa e a capitã Phasma, além da patente presença de mulheres em várias posições de liderança.

Por outro lado, a trilogia original e as prequelas são facilmente tomadas como fantasias masculinas sobre homens e mulheres. Quem é duro na queda? Os caras. Quando você sente a Força, fica mais forte e começa a sufocar as pessoas, e pode alvejá-las ou

88   O MUNDO SEGUNDO STAR WARS

matá-las, de preferência com um sabre de luz (que parece, bem, mais do que um pouco fálico e quanto maior, melhor). E, para os homens de certa idade, a cena mais memorável na série pode ser encontrada em *O retorno de jedi*, quando Leia é amarrada — e de biquíni. Isso não é um pouco retrógrado ou pior?

Mas há outro ponto de vista. Está tudo redimido, pois Leia consegue estrangular seu captor, usando a própria corrente com a qual ele a prendeu? Seria essa a verdadeira cena de redenção na série?

Nas duas primeiras trilogias, a princesa Leia e Padmé Amidala são obviamente figuras principais. Podem ser facilmente vistas como personagens centrais, as melhores pistas para o significado mais profundo da série. Criada na década de 1970, Leia estava muito à frente de seu tempo. Claro, Obi-Wan Kenobi era sua única esperança, mas ela não é nenhuma donzela em perigo. Pelo contrário, ela é uma líder militar, a mais importante de todos eles, e a pessoa que põe a rebelião toda em movimento. Para muitos espectadores, ela é um ícone feminista. Comandante natural, ela é a mais inteligente, a mais sábia, a mais firme e a mais brava. Ela sabe atirar e não hesita em fazer isso. Na maioria das vezes, está à frente dos trabalhos. É surpreendente que, em *O despertar da Força*, ela seja um general. Teríamos de forçar para ver a primeira trilogia como feminista, mas há um bom argumento de que, para o seu tempo, se saiu muito bem e foi até mesmo inspiradora, do ponto de vista feminista; muitas mulheres foram inspiradas pelo que Lucas realizou.

Nas prequelas, a tão difamada Padmé é sólida como uma rocha. Ela é também a pessoa que vê as coisas de forma mais clara (mesmo que alguns de seus traços não sejam tão magnânimos). É uma líder também; uma rainha e, posteriormente, uma senadora. Ela tem um vislumbre, logo no início, do que está acontecendo

TREZE FORMAS DE OLHAR STAR WARS   89

com a República. Em contraste, os homens — Anakin, Luke e Han — são bastante tapados.

Qualquer que seja a forma de avaliarmos as primeiras trilogias, continua a ser verdade que a Força que realmente desperta, no Episódio VII, é a igualdade entre os sexos. Rey é a melhor personagem, e a mais forte, a mais interessante, a mais engraçada, a mais arguta, a mais complicada, a mais sensível à Força. (E assim o clamor público estava inteiramente justificado quando Rey foi originalmente excluída dos jogos, brinquedos e outros produtos ligados à série.) Ainda não temos certeza de quem ela é filha, mas não se engane: no sentido mais profundo, ela é uma Skywalker.

4. THOMAS JEFFERSON, O CAVALEIRO JEDI

A série pode ser vista com facilidade como profundamente política, com a intenção de enfatizar a necessidade de rebelião ou pelo menos de manutenção do potencial rebelde. Da romantização de *Uma nova esperança*: "Só a ameaça de rebelião impede que muitos no poder façam certas coisas inomináveis."[1] Aqui há mais do que um leve eco de Thomas Jefferson, que pensou a turbulência como se "produzisse o bem. Ela impede a degenerescência do governo e nutre uma atenção geral para os assuntos públicos. Sustento que uma pequena rebelião de quando em quando é uma boa coisa e tão necessária no mundo político quanto as tempestades no mundo físico".[2] (Rebelião! Será que Lucas leu Jefferson?)

Desse ponto de vista, o verdadeiro tema da série é o jeffersoniano, apontando para o valor da rebelião e do autogoverno, as virtudes das repúblicas e os vícios dos impérios. O Império e a Primeira Ordem desprezam a turbulência, que veem como uma forma de caos; eles querem a ordem, que é, na sua versão, outra palavra para ausência de escolha. Lucas viu as coisas — pelo

90 O MUNDO SEGUNDO STAR WARS

menos em parte — dessa forma em relação ao imperador, uma espécie de Richard Nixon (o "Sr. Lei e Ordem"). Lucas ainda considerava os rebeldes como vietnamitas — e o Império como o lugar onde os Estados Unidos eram chefiados (por uma década!). Abrams continua o tema jeffersoniano com a batalha entre a Primeira Ordem e a Resistência.

A série tem uma espécie de frivolidade, por certo, mas talvez tenha uma mensagem muito mais séria, sobre quão essencial é manter um olhar atento aos líderes políticos, que devem ser cuidadosamente monitorados por um público vigilante. Na verdade, creio que a série está de fato nos dizendo isso. Ela traça uma consistente oposição entre ordem e liberdade de escolha, e não há dúvida de qual ela escolhe. Sua insistência em fazer escolhas no nível individual (Luke, Han, Anakin, Rey, Finn) é replicada na sua política.

5. ORDEM SIM, CAOS NÃO

Mas talvez o oposto seja verdadeiro. Talvez os jedi sejam os malfeitores — desconcertados, cambaleantes, incapazes de manter a estabilidade. Talvez o imperador Palpatine seja o herói secreto, apesar de tudo. Talvez seja esse o coração sombrio da série Star Wars. Talvez seja onde suas simpatias realmente residem.

Esse último argumento parece louco? Pelo menos desde 2002, pessoas inteligentes alegam que se trata de um argumento correto. Sob a República, as coisas eram bastante caóticas, e os cavaleiros jedi não conseguiram garantir a ordem, da qual os seres humanos realmente necessitam. (Então, talvez Nixon não estivesse de todo errado.) Parte da tensão dos filmes deriva da inconfundível atração de um líder forte, que pode unir as pessoas e resgatá-las do caos. Líderes poderosos de todos os tipos

TREZE FORMAS DE OLHAR STAR WARS 91

insistem que é isso que estão fazendo; Vladimir Putin é apenas um exemplo e, em 2015 e 2016, a surpreendente candidatura de Donald Trump à presidência reflete algo semelhante. ("Hitler", você poderia replicar. "George Washington", eles poderiam responder.) Os jedi falharam tristemente na tentativa de restaurar a ordem; o imperador alcançou seu objetivo. *O despertar da Força* tem tudo a ver com a tensão entre ordem e caos, e é secretamente favorável à primeira. A esse respeito, ela segue as duas primeiras trilogias.

Nas palavras de um ensaísta:

Não se engane; como imperador, Palpatine é um ditador, mas relativamente benigno, como Pinochet. É uma ditadura com a qual as pessoas podem fazer negócios. Ela recolhe impostos e patrulha os céus. Tenta parar o crime organizado (na forma dos círculos de contrabando operados pelos hutts). O Império virtualmente não tem nenhum efeito sobre a vida diária do cidadão médio, cumpridor da lei.[3]

Uma declaração mais forte:

É o Império, não a Aliança Rebelde, que oferece a melhor esperança para o futuro da raça. É o Império, não a Aliança Rebelde, que está mais bem equipado para trazer a paz e a prosperidade a esta perturbada galáxia [...] Ao resistir, subverter e, finalmente, destruir o Império, os rebeldes legaram aos seus filhos uma sociedade caótica, primitiva, tecnologicamente retrógrada, que quase certamente entrará em colapso na anarquia dentro de uma geração.[4]

Posição sagaz, talvez; mas — certo, eu concordo — a ideia de que Star Wars é favorável ao Império é definitivamente maluca. (*O despertar da Força* de fato cria algumas complicações, mas seria um verdadeiro exagero afirmar que a Nova Ordem endireitou as coisas.)

6. STAR WARS COMPORTAMENTAL

Durante décadas, os economistas comportamentais e psicólogos cognitivos têm explorado como os seres humanos se distanciam da racionalidade perfeita. Não é exatamente uma novidade anunciar que nós não somos computadores; para decidir o que fazer, as pessoas não quantificam os resultados esperados e executam e realizam cálculos de probabilidade. Também não somos irracionais, pelo menos na maior parte do tempo. O que cientistas comportamentais têm mostrado é que os seres humanos sofrem de *vieses previsíveis*. Os mestres jedi que descobriram esses vieses ganharam pelo menos cinco prêmios Nobel em economia. Daniel Kahneman, autor do magnífico *Rápido e devagar: duas formas de pensar*, é o mais famoso deles; para muitas pessoas, ele é um Yoda do mundo real. (Uma boa lição de vida de Kahneman: "Nada na vida é tão importante quanto você pensa que é quando está pensando sobre isso."[5] Pense nisso. É importante.)

Alguns exemplos de fraquezas humanas: as pessoas são excessivamente confiantes. ("A Resistência não tem chance contra a Primeira Ordem; esta é a sua hora derradeira!") Temos a tendência de focalizar o dia de hoje e o de amanhã, não o próximo mês ou o próximo ano ("viés para o presente"). Exibimos um otimismo irrealista.[6] (Descobriu-se que cerca de 90% dos motoristas profissionais acreditam que são melhores que o motorista comum. Ou: "Tudo está ocorrendo como eu previ.") Nós sofremos de inércia e por isso procrastinamos. Em vez de examinar as estatísticas, utilizamos heurísticas simples, ou regras de ouro, na avaliação

TREZE FORMAS DE OLHAR STAR WARS 93

dos riscos. (Ocorreu um crime no meu bairro no passado recente? O Império atacou um planeta como o meu?) Nossos juízos são sistematicamente interesseiros ("Justo é o que é melhor para mim!"). Detestamos perdas muito mais do que gostamos de ganhos equivalentes ("aversão à perda").[7] Portanto, não deve ser surpreendente que os golfistas prefiram um *putt* para completar um *par* a um *putt* para tentar um *birdie* (um *bogey* é uma perda, e as pessoas odeiam perdas)* ou que, se você quiser que as pessoas economizem energia, será melhor enfatizar que elas perderão dinheiro se deixarem de usar técnicas de conservação de energia, não que ganharão dinheiro se usarem tais técnicas.

Na verdade, a era moderna da ciência comportamental começou no fim dos anos 1970, exatamente na época em que *Uma nova esperança* foi lançado. Será que é coincidência?

Não pode ser! Star Wars é uma série de estudos de caso sobre vieses comportamentais. Darth Vader e Palpatine sofrem tanto de otimismo irrealista como de viés interesseiro; eles pensam que tudo vai funcionar a seu favor. Seu excesso de confiança os leva a cometer grandes erros em momentos críticos. (Snoke tem o mesmo problema.) Mas Star Wars sabe que os vieses comportamentais não estão limitados àqueles que favorecem o Lado Sombrio. Um dos nossos heróis, Han Solo, também está sujeito ao viés otimista:

> **C-3PO:** Senhor, as chances de navegar com sucesso por um campo de asteroides são de aproximadamente 1 em 3.720!
>
> **HAN:** Nunca me diga as chances!

---

* No golfe, *putt* é a denominação do taco usado para finalizar a jogada, *par* é o número total de tacadas do buraco (um número que varia, dependendo do buraco), *birdie* é a jogada que foi concluída com uma tacada a menos que o *par*, e *bogey* é a que precisou de uma tacada a mais. [*N. da E.*]

94 O MUNDO SEGUNDO STAR WARS

É claro que as coisas funcionam bem para Han, certamente na navegação por aquele campo de asteroides, assim como não funcionam para Vader e Palpatine. O viés otimista pode ajudá--lo nos tempos mais difíceis. (Mas, em *O despertar da Força*, a característica tendência de Han ao otimismo irrealista criou um problema muito grande. Ele deve ter tido um mau pressentimento sobre isso.)

Tanto Luke quanto Rey sofrem de inércia e seu primo próximo, "o viés do *status quo*", que se refere à tendência das pessoas a preferir que as coisas fiquem como estão, mesmo se for realmente uma boa ideia fazer uma mudança. A inércia e o viés do *status quo* são a razão pela qual Luke, num primeiro momento, escolhe declinar da proposta de Obi-Wan para acompanhá-lo até Alderaan. Eles também explicam a recusa de Rey ao sabre de luz de Luke. A boa notícia é que a Força opera vigorosamente em sua família e por isso eles são capazes de superar seus vieses comportamentais. (Não é para isso que a Força serve, afinal? Não é isso que Star Wars está nos dizendo?)

Seria fácil ministrar um curso inteiro sobre economia comportamental com referência direta a Star Wars. A série talvez seja mais bem compreendida dessa forma. (Mas você tem que ser tendencioso para pensar assim.)

7. TECNOLOGIA

Talvez a série seja uma história de advertência sobre os efeitos degradantes da tecnologia. Lucas certamente a viu dessa maneira. Ele estava obcecado com esse tópico — e com o que a tecnologia nos faz.

Uma nova esperança começa com droides. Em certo sentido, eles são os narradores e têm características humanas; isso é parte do charme deles. BB-8 desempenha o mesmo papel em *O despertar da Força* que R2-D2 em *Uma nova esperança*; os dois parecem animais de estimação fofos ou fiéis irmãos mais novos. (Teria sido interessante torná-los potencialmente perturbadores, mas Star Wars não chegou a tanto. BB-8, um canalha? Isso poderia ser um pouco assustador.) Mas a desumanização através de máquinas, e partes de máquinas, desempenha um grande papel em toda a série.

Em 1962, o próprio Lucas sofreu um acidente quase fatal de motocicleta. Nas palavras dele: "No colégio, eu vivia como um piloto de corridas e me envolvi em um acidente muito grave [...] Fui atingido pelo lado por um carro que ia a quase 145 quilômetros por hora [...] Era para eu estar morto."[8] As máquinas ajudaram a mantê-lo vivo. Seja a sua própria experiência responsável ou não por seu foco na relação simbiótica entre seres humanos e máquinas, não há dúvida de que Star Wars focaliza essa relação.

Darth Vader é assustador, porque ele é parte humano, parte máquina. Obi-Wan diz a Luke em *O retorno de jedi*: "Quando seu pai escapou com dificuldade daquela piscina abrasadora, a mudança o havia escaldado para sempre: ele era Darth Vader, sem traço algum de Anakin Skywalker. Irremediavelmente escuro. Cicatrizado. Mantido vivo apenas por máquinas e própria vontade sombria."[9] Isso é um fato, mas também é um símbolo: sucumbindo ao Lado Sombrio, ele perde muito de sua humanidade — uma presciente advertência para aqueles que vivem em um tempo de máquinas. (Verificou o seu e-mail recentemente?) Não surpreende que um menino de fazenda, de uma terra isolada, seja aquele que restaura a paz e a justiça na galáxia.

8. JIHAD JEDI

Os jedi estavam envolvidos em algum tipo de Jihad? Os Rebeldes são terroristas? Talvez a trilogia original seja, afinal, sobre a radicalização de Luke Skywalker. Talvez seja um estudo de caso sobre como a radicalização funciona. (Lembre-se da força das câmaras de eco.)

Luke começa como aquele inocente garoto de fazenda, sem convicções religiosas definidas. Ele é isolado e sem raízes — um excelente alvo para extremistas. Com certeza, embarca no que um comentador on-line descreve como uma "jornada sombria para o fundamentalismo e o extremismo religiosos".[10] Jovem, descontente e um tanto perdido, em busca de algo, ele topa com Obi-Wan Kenobi, claramente um fanático religioso, que segue ideias obviamente extremistas sobre a Força. "Momentos após o início do encontro, Obi-Wan diz a Luke que ele deve abandonar sua família e acompanhá-lo, indo longe a ponto de contar a mentira chocante de que o Império matou seu pai, na esperança de inspirá-lo a uma vida de jihadista."[11]

Obi-Wan é bem-sucedido. Aos poucos, convence Luke a acreditar em sua causa radical, conduzindo-o no processo a aceitar convicções religiosas semelhantes às de um culto. Para completar a radicalização de Luke, ele "profere uma oração jedi enquanto comete suicídio. Você pode pensar em quaisquer outros grupos que tentam inspirar o terrorismo gritando uma oração antes de um ataque suicida?".[12] No final, Luke se torna um completo terrorista.

Ok, isso também é meio doido.

9. O LADO SOMBRIO E O ADVOGADO DO DIABO

Diga em voz alta e com orgulho: Vader rouba a cena. Quem é o personagem mais memorável na série? Vader é o personagem mais memorável na série. Ninguém mais chega perto.

Uma nova esperança, *O Império contra-ataca* e *O retorno de jedi* são mais cativantes quando ele está em cena. Tendem a cair um pouco quando ele não está (pelo menos é assim com *O retorno de jedi*). Meu filho Declan usava uma roupa de Darth Vader no último Dia das Bruxas e muitas crianças de 6 anos fazem a mesma escolha. Quantas fantasias de Luke Skywalker existem, afinal? E você já viu uma fantasia de Obi-Wan? Alguma vez?

Claro, Luke é atraente, e é muito bom, e ainda por cima se torna um jedi. Mas será que algum garoto que já tenha visto Star Wars pensou "Eu quero ser Luke!"? Ele é muito sério para isso. Além disso, ele não fica com a garota. Ela é irmã dele!

Han Solo é muito mais legal, o meu favorito. É um trapaceiro, mas também é antiquado, algo um tanto problemático. Ele foi uma pessoa dos anos 1950, mesmo da década de 1970, e hoje ainda é uma pessoa dos anos 1970. Harrison Ford representou-o muito bem, mas, ainda assim, seria injusto perguntar se ele é uma versão nerd de uma pessoa legal?

Por outro lado, Vader não é datado. Ele é elegante, grandão e pode sufocar as pessoas apenas com seus pensamentos. E não dá a mínima para isso. Não é de admirar que Kylo Ren o idolatre. (E após o lançamento de *O despertar da Força* havia uma abundância de brinquedos de Kylo. Declan ganhou um no Natal.)

Em um ensaio brilhante, Lydia Millet escreve que Vader "foi a figura mais erótica na família Star Wars, e é a única trágica, e por causa disso tinha uma beleza terrível".[13] Aristocrático, "tinha boa postura, elegância e boas maneiras". Ele também era "a única questão que Star Wars colocava ao seu público, o único mistério apresentado". Maestria, distanciamento e comando são as suas características definidoras. Na visão de Millet, ele "tem uma carga erótica porque consegue o que quer". (Verdade.) Ele faz o Lado Sombrio parecer sexy. (E não é que é mesmo?)

O grande William Blake, escrevendo sobre *Paraíso perdido,* um dos textos mais religiosos da língua inglesa, pronunciou: "A razão pela qual Milton falou de anjos e de Deus ao escrever no cativeiro e de demônios e do inferno ao escrever em liberdade é ele ter sido um verdadeiro poeta e advogado do diabo sem saber."[14] Blake apontou um ponto importante sobre Milton, que se apaixonou pela energia e carisma de Satanás. Milton foi realmente um verdadeiro poeta e tinha uma concepção própria da liberdade; por isso, ele visitou, com prazer, o Lado Sombrio.

Aliás, o próprio Blake também era um verdadeiro poeta, e o Lado Sombrio o acompanhou bastante. "Melhor matar um bebê no berço do que acalentar desejos irrealizáveis."[15] E: "Chega! Ou Demasiado". E: "Os tigres da ira são mais sábios que os cavalos da instrução." E: "Aqueles que reprimem seus desejos fazem-no porque seus desejos são fracos o suficiente para serem reprimidos." E de particular relevância para Star Wars: "Sem contrários, não há avanço. Atração e repulsão, razão e energia, amor e ódio são necessários para a existência humana."

George Lucas foi também um advogado do diabo? Na verdade, não. No fim, ele é um bom rapaz; ele é Luke. Mas ele de fato ficou tentado. Lucas escreveu *Uma nova esperança* sobre Luke (o seu homônimo), mas foi o caráter de Vader que capturou sua imaginação e, assim, o Lorde Sith assumiu a narrativa.

Não há dúvida de que, para algumas pessoas, o próprio imperador tem um apelo satânico; trata-se de um sedutor, e um sedutor realmente bom. Ele está repleto de um tipo de luxúria. Isso dá aos filmes sua tensão necessária. No melhor de todos eles — *O Império contra-ataca,* é claro —, Millet observa que "As forças do bem são derrotadas e o mal goza um triunfo inquestionável".[16] Ela tem razão ao insistir que "Darth Vader é o fulcro, o ponto focal, o centro emocional da saga Star Wars".[17]

TREZE FORMAS DE OLHAR STAR WARS

Como Blake e Milton, George Lucas conhecia bem a atração do Lado Sombrio. Ele foi para lá. Como observou, "as pessoas gostam de vilões porque eles são poderosos e não se preocupam com as regras".[18] Mas há algo ainda mais primal no seu apelo. Palpatine para Anakin, com uma carga erótica: "Bom... eu posso sentir a sua raiva. Ela lhe dá foco... o faz mais forte." Palpatine para Luke: "Bom... Eu posso sentir a sua raiva."[19] E na romantização, enquanto Luke está na arrebatadora batalha com Darth Vader: "E, neste momento frio e lívido, o Lado Sombrio o acompanhava."

STAR WARS VS STAR TREK: UM APARTE

Quem é melhor, Michael Jordan ou LeBron James? (Jordan, porque ele arranca seu coração.) Abraham Lincoln ou Franklin Delano Roosevelt? (FDR, porque ele salvou o país duas vezes e porque era animado em vez de melancólico, e assim mais caracteristicamente norte-americano.) Meryl Streep ou Julianne Moore? (De perto, bem de perto, simplesmente Moore, *porque você nunca acha que ela está atuando.*) Os Beatles ou os Rolling Stones? (Os Stones, porque conhecem o Lado Sombrio.) Immanuel Kant ou John Stuart Mill? (O gentil e lúcido Mill, oito dias por semana.) Taylor Swift ou Adele? (Swift, a léguas de distância, porque seu senso de malícia e humor garantem que ela nunca, nunca seja melosa.) Ronald Reagan ou Barack Obama? (Obama, mas você sabia que eu diria isso.)

Star Wars ou Star Trek?

Há muito a ser dito sobre a obra-prima de Gene Roddenberry. Considere um episódio da 1ª temporada de Star Trek, "O inimigo interior", que oferece a própria representação da disputa entre os

O MUNDO SEGUNDO STAR WARS

lados Sombrio e Luminoso. Por uma falha no teletransporte, o capitão James Tiberius Kirk é convertido em duas pessoas: uma é boa; a outra, má. O Kirk mau é agressivo, até mesmo violento; ele é raivoso, cruel e egoísta. Ele quer o que quer e quando quer. E está fora de controle.

Você poderia muito bem pensar que o Kirk bom é o real e que o mau não é. Nas suas primeiras cenas, essa é exatamente a reação que o episódio desperta. Mas você estaria errado. O Kirk bom, falando de sua contraparte: "Ele é como um animal. Um animal leviano e brutal. Ainda assim, sou eu. Eu!"

Resulta que os dois são igualmente indispensáveis para o "jeito Kirk de ser" — sem o lado aparentemente mau, o capitão Kirk é indeciso, imobilizado, passivo, fraco, pálido, uma espécie de fantasma. McCoy para o Kirk bom: "Todos nós temos o nosso lado mais sombrio. Nós precisamos disso! É metade do que somos. Não é realmente feio. É humano." Isso é verdade e, de certa forma, mais sutil e melhor do que qualquer coisa sobre o tema em Star Wars. Algo também bom, de "Demência", um episódio de *Star Trek: a nova geração*: "Às vezes, é saudável explorar os lados mais sombrios da psique. Jung chamou isso de 'aceitar a própria sombra'... Não tenha medo de seu lado mais sombrio. Divirta-se com ele."

A série original é mais amável, mas o meu voto para o melhor de todos os episódios de Star Trek vai para "Luz interior", também da Nova Geração. O capitão Jean-Luc Picard é teletransportado para o planeta Kataan, onde sua mulher o convence de que suas memórias de capitão de uma nave são uma espécie de ilusão, produzida por uma doença. Seu nome real é Kamin; ele tem uma amada esposa e dois amados filhos, um casal. (Ele diz a sua filha: "Viva o agora. Sempre faça do agora o momento mais precioso. O agora jamais voltará.") Em Kataan, ele envelhece, e, velho então, tem um neto. Sua vida plena é suave e boa. Mas, no fim, ele fica

TREZE FORMAS DE OLHAR STAR WARS

101

sabendo que devido ao aumento da radiação do sol, todo o seu mundo está condenado e em breve será destruído.

Consciente desse fato trágico, os líderes da Kataan colocam as memórias de sua cultura em uma sonda e a lançam ao espaço. Eles esperavam, desesperadamente, que a sonda pudesse encontrar alguém que fosse capaz de aprender sobre sua espécie e garantir que ela não fosse esquecida. Em seus últimos momentos como Kamin, tendo vivido a sua vida aparentemente por décadas, Picard compreende. Seu coração está partido. Estarrecido, ele diz: "Oh, sou eu, não sou? Eu sou aquele alguém... Sou aquele que a sonda encontra."

O que torna esse episódio tão bonito é que ele capta tanto a preciosidade como a impermanência das nossas épocas, nossas culturas e nossas vidas individuais. (Os anos 1960 eram Kataan? Eram os anos 1990? E que tal a década atual?) Em um curto período, Picard/Kamin é capaz de se ver como um homem relativamente jovem, marido, pai, avô, como idoso e perto da morte. Em certo sentido, todos os seus "eus" se tornam presentes para ele. Isso é ainda mais comovente porque estamos falando de uma civilização que está agora inteiramente perdida. "Luz interior" definitivamente não é comovente pra cacete, mas chega perto do centro do coração humano. Star Wars faz isso também, e vamos ver o porquê, mas nada que se compare a esse episódio de Star Trek.

Em termos de efeitos visuais, Star Wars é infinitamente melhor. É muito mais estimulante; produz uma sensação de *caramba!* e de *Ó meu Deus!* que os efeitos de Star Trek nunca produzem. Star Wars tem um sentido contínuo de mistério. Ao contrário de Star Trek, faz você tentar ligar as coisas. É mais frio e é mais impressionante. Star Trek é muito mais literário e, de fato, muitos de seus melhores episódios foram escritos por romancistas. Ainda mais do que Star

Wars, faz você pensar sobre perguntas duradouras. Star Wars não é diferente de uma série de pinturas; Star Trek está mais perto de um conjunto de romances.

No seu melhor, ambas as séries são sensacionais. Qual é melhor?

Os filósofos falam da ideia de "incomensurabilidade". O que eles querem dizer, mais ou menos, é que nós avaliamos as coisas qualitativamente segundo diferentes métricas e por isso não podem de fato ser ranqueadas. É claro que, em termos monetários, mil é melhor do que quinhentos. Mas o que é melhor, uma bela montanha, um fantástico desempenho de um atleta, um jantar com um grande amigo em um ótimo restaurante, uma incrível canção ou uma quantidade específica de dinheiro? Uma resposta é que todas essas coisas são avaliadas de diferentes maneiras. Você pode tentar ranqueá-las, se desejar, mas talvez queira manter em mente suas diferenças qualitativas. Star Wars e Star Trek são boas de maneiras diferentes e, por justiça, você não pode realmente ranqueá-las.

Mas Star Wars é melhor.

"O SEU FOCO DETERMINA A SUA REALIDADE"

A interpretação muitas vezes envolve um esforço para mostrar que *tudo se encaixa*, se olharmos com bastante firmeza. Os intérpretes tentam encontrar scripts. Seus esforços em geral operam reunindo detalhes reveladores, alguns deles aparentemente irrelevantes. Uma inflexão da voz, um sorriso sarcástico, uma risada inapropriada, a colocação de uma vírgula, a escolha do artigo *o/a* em vez de *um/uma,* a adição de um *s* no fim de uma palavra — tudo pode sugerir um plano no qual, de outra forma, poderíamos estar desorientados. Alguns exemplos:

TREZE FORMAS DE OLHAR STAR WARS

- Por que o chefe do Departamento de Justiça, o procurador-geral dos Estados Unidos, estava fora do país *no mesmo dia de um assassinato com motivações raciais em Atlanta*?
- Por que, exatamente, Obi-Wan Kenobi sorriu antes de ser atingido por Darth Vader? É porque ele queria morrer? (Talvez!) Porque ele tinha passado para o Lado Sombrio? (Não.)
- Em *Uma nova esperança*, C-3PO e R2, transportando os planos sobre a Estrela da Morte, são ejetados da nave de Leia em uma cápsula de fuga — que aterrissa de forma suspeita perto do lugar onde Luke, Anakin, C-3PO e R2 viveram todos em algum momento. Isso poderia ser uma coincidência? *Quais são as chances?*

Os teóricos da conspiração são mestres dessa abordagem e adoram tais questões. Eles insistem em encontrar scripts, cheios de pistas escondidas. ("Tudo está se desenrolando de acordo com o plano"; "A verdade está lá fora"; fim de jogo para Bush, fim de jogo para Obama, fim de jogo para Putin, fim de jogo para o papa.) Ainda mais do que o restante de nós, eles ignoram a medida em que fatores aleatórios ou arbitrários são responsáveis pelo que acontece. Sejam loucos ou não, eles com certeza não são estúpidos e dificilmente são ignorantes. Pelo contrário, tendem a ser especialistas. Eles sabem muita coisa. Penetram vastos materiais, encontrando inúmeros padrões e links (a-há!), e então declaram que as suas suspeitas foram confirmadas. Não se incomode discutindo com eles; eles sabem muito mais do que você. Não adianta tentar.

Dê uma olhada em qualquer material relevante escrito sobre o assassinato de John F. Kennedy, ou sobre os ataques de 11 de setembro de 2001, ou sobre o que vai acontecer nos próximos episódios de Star Wars, e você verá o "x" da questão. Quando o material é bem-feito, revela o domínio de uma capacidade exclusivamente humana: conectar pontos aparentemente aleatórios.

10. HAN, O PADAWAN

Os fãs de Star Wars são eles próprios especialistas nesse tipo de coisa. Aqui está um bom exemplo: Han Solo é capaz de usar a Força — mas ele não sabe disso. Como poderia escapar de todos esses caçadores de recompensa? Sem a Força, como ele poderia ter evitado o tiro à queima-roupa de Greedo simplesmente inclinando a cabeça um pouquinho para a direita? (Estou deixando subentendida a questão reconhecidamente importante sobre se Han ou Greedo atirou primeiro.)

E quando Han diz "Garoto, tenho voado de um lado para o outro desta galáxia" e acrescenta "Não há nenhum campo de energia mística que controla o meu destino", por que Obi-Wan dá aquele sorriso de cumplicidade? Não será porque Obi-Wan está nos deixando a par de um pequeno segredo, que Han Solo é ele mesmo uma espécie de padawan!? Talvez isso lance uma nova luz sobre o que acontece entre Han e Kylo em *O despertar da Força*? O que vimos lá pode não ser exatamente o que pensamos ter visto?

11. OUTRO IRMÃO!

Em 2015, as pessoas começaram a especular que Luke e Leia tinham um irmão! O suposto indício reside no letreiro inicial de *O despertar da Força*, que diz que Leia "está desesperada para encontrar seu irmão Luke e receber sua ajuda para restaurar a paz e a justiça na galáxia". Isso é um indício porque o nome "Luke" não está separado por vírgulas, como deveria ser.

Daí a teoria: "O nome dele é informação desnecessária, pois Leia tem apenas um irmão, o que significa que deve ser contrabalançado por vírgulas."[20] Sem essas vírgulas, "seu irmão Luke" parece sugerir que há outro irmão, como em "seu irmão Snoke" ou "seu irmão Boba".

Ou não.

12. STAR WARS BUDISTA

Dê uma olhada em Yoda, lá em *O Império contra-ataca*, sentado com sua capa. Ele se parece muito com Buda, não parece?

Os jedi são budistas? Eles certamente enfatizam a importância do desapego — de transcender o medo e o ódio por meio de uma forma de serenidade. Eis as famosas palavras de Yoda: "O medo leva à raiva/ a raiva leva ao ódio/ o ódio leva ao sofrimento." E então compare-as com a versão do Buda: "Existe o sofrimento/ Há uma causa para o sofrimento/ Existe um fim para o sofrimento/ O caminho óctuplo leva ao fim do sofrimento." Esse caminho óctuplo pode facilmente ser visto como o modelo para o treinamento de Lucas por Yoda. (Ele começa com uma visão da natureza da realidade e o caminho da transformação.)

A ordem jedi parece muito com ordens budistas e o relacionamento mestre/padawan parece espelhar o relacionamento professor/aluno no budismo. Nessas relações, uma grande ênfase é colocada na ideia de "atenção plena" [*mindfulness*] ou estar no momento presente, não no passado ou no futuro. Você pode ler *Uma nova esperança* e os ensinamentos de Obi-Wan como tendo tudo a ver com a atenção plena. No momento crucial, quando Luke usa a força para destruir a Estrela da Morte, estar presente é o que está em jogo.

Mas nós nem sequer temos que especular. Em *A ameaça fantasma*, Qui-Gon aconselha constantemente Anakin a "estar plenamente consciente". Por exemplo:

106   O MUNDO SEGUNDO STAR WARS

OBI-WAN KENOBI: Mas mestre Yoda diz que eu deveria ter plena consciência do futuro.

QUI-GON JINN: Mas não à custa do momento.

E Qui-Gon também diz isto: "Lembre-se, concentre-se no momento. Sinta, não pense. Confie em seus instintos." Então Star Wars, afinal, não diz respeito ao cristianismo; trata-se de budismo. É mesmo surpreendente que um membro ordenado da comunidade budista de Thich Nhat Hanh, Matthew Bortolin, tenha escrito um livro inteiro sobre o tema, chamado *O dharma de Star Wars?*[21]

13. DARTH JAR JAR

Eis aqui um exercício especialmente ousado, e bizarramente verossímil, de ligação de pontos, que se tornou viral no fim de 2015: *Jar Jar Binks é um Lorde Sith*. ("Examine seus sentimentos, você sabe que é verdade.") De acordo com Lumpawaroo, usuário do Reddit, Jar Jar "não era como muitas pessoas presumiam, apenas um instrumento político inadvertidamente manipulado por Palpatine — em vez disso, ele e Palpatine eram prováveis colaboradores desde o início e é inteiramente possível que Palpatine seja um subordinado de Binks ao longo das duas trilogias".

Nas prequelas, o plano original de Lucas era dar a Jar Jar Binks um papel de destaque em todos os três filmes, semelhante ao de Yoda. Ele age como um tolo, um piadista, um idiota, mas sabe exatamente o que está fazendo. Enquanto se faz de bobo, é o cérebro nos bastidores. Ele manipula o jedi. Segundo esse relato, Lucas teve de abandonar seu plano, porque muitas pessoas odiaram Jar Jar, não podiam suportar sua presença e o retrataram como um produto do racismo.

De fato, tudo isso parece loucura, mas Lumpawaroo elaborou a teoria com tanto cuidado, diligência, energia e obsessão que ela realmente fez um pouco de sentido. O resultado foi um site dedicado à ideia, darthjarjar.com. Ela está certa? Lucas teria de vir a público e desmenti-la para evitar que realmente ganhasse força.

Bem, ele a teria negado, não teria?

O MUNDO ESTÁ À DERIVA

Alan Moore, o grande romancista gráfico e autor do sensacional *Watchmen*, passou muitos anos estudando teorias da conspiração. Eis o que ele acabou concluindo:

> A principal coisa que eu aprendi sobre a teoria da conspiração é que os seus teóricos acreditam em conspiração porque isso é mais reconfortante. A verdade do mundo é que ele é realmente caótico. A verdade não reside nos Illuminati, ou na Conspiração dos Judeus Banqueiros, ou na Teoria dos Alienígenas Cinzentos. A verdade é muito mais assustadora: ninguém está no controle. O mundo está à deriva.[22]

Se Lee Harvey Oswald viajou a Moscou em uma determinada data ou se no 11 de setembro muitos judeus não apareceram para trabalhar em Nova York, já podemos começar a juntar algumas peças. Mas pode ser melhor não tentar. Detalhes que parecem ser reveladores muitas vezes não nos dizem nada.

Os psicanalistas ajudam muita gente, mas também negligenciam a aleatoriedade e o acaso. Pretendem encontrar padrões em sonhos, pensamentos e comportamentos, *mesmo quando estão criando esses padrões, não os encontrando.* Pensam que podem encaixar as peças — e os melhores são ótimos nisso. Eles são teóricos da conspiração, pelo menos de uma espécie.

Merecem crédito por saberem que às vezes um charuto é apenas um charuto. Mas se você sonhasse, ou dissesse que sonhou, que é um cavaleiro jedi, e se acontecer de ter tido um encontro horrível com seu pai na semana anterior, deveria hesitar antes de insistir que o sonho em particular revela algum fato psicológico importante. Claro, você poderia especular. Poderia ter pretendido demonstrar que você é mais poderoso do que seu pai, ou escapar de seu pai, ou ser um cavaleiro jedi para poder matar o seu pai. Mas talvez não.

Os críticos literários são muito parecidos com os teóricos da conspiração. Shakespeare usou a palavra *natureza* em pontos importantes de *Rei Lear* e também usou a palavra *potência* em estreita proximidade; seria *Lear* uma história que alerta para o poder indomável da natureza em face da fraqueza humana? Se analisássemos os textos de Shakespeare com suficiente atenção, poderíamos encontrar mensagens codificadas, sugerindo mensagens políticas altamente subversivas? Seria Shakespeare um rebelde? Algumas pessoas insistem que sim; existe pelo menos um livro inteiro sobre o tema. Aliás, talvez Shakespeare não tenha escrito as peças de Shakespeare; talvez tenham sido escritas por Francis Bacon, Edward de Vere ou Christopher Marlowe. Uma leitura atenta das peças pode apresentar provas nesse sentido. É fácil encontrar muitos volumes de obras seguindo essa corrente. A minha favorita, escrita por Sir Edwin Durning-Lawrence, é chamada *Bacon é Shakespeare*. Quase todos os capítulos terminam com três palavras, em letras maiúsculas: BACON É SHAKESPEARE.

Nesse contexto, considere *O código da Bíblia*, que afirma que a Bíblia está cheia de mensagens ocultas que você pode encontrar (digamos) juntando cada quinquagésima letra do livro do Gênesis.[23] Se fizer isso, você poderá se surpreender ao encontrar os

TREZE FORMAS DE OLHAR STAR WARS

nomes de rabinos famosos, juntamente com as respectivas datas de nascimento e morte, e também algumas previsões importantes sobre eventos futuros. Talvez a Bíblia tenha previsto o Holocausto, ou a ascensão do comunismo, ou os ataques de 11 de setembro, ou *O despertar da Força*. Muitas pessoas foram enganadas por aqueles que argumentaram, em 1998, que a Bíblia realmente contém um tal código. Mas é uma fraude.

Há uma explicação para tudo isso no domínio da percepção visual: nossos cérebros estão estruturados de forma a ver padrões onde eles de fato não existem (um fenômeno chamado padronicidade, apofenia ou, ainda, pareidolia).[24]

Um exemplo foi uma forma estranha encontrada na superfície de Marte, em foto tirada pela NASA. Seria um rosto? Um stormtrooper?

Não. Era apenas uma rocha.

Episódio V

PAIS E FILHOS

É possível ser redimido, especialmente se o seu filho realmente gostar de você

"Venham, vamos refletir juntos", diz o Senhor. "Embora os seus pecados sejam vermelhos como escarlate, eles se tornarão brancos como a neve; embora sejam rubros como púrpura, como a lã se tornarão."

ISAÍAS 1:18

Ele me queria no negócio dele. Eu disse: "De forma alguma vou fazer isso." Ele vendia equipamento de escritório numa loja. Eu disse: "Nunca vou trabalhar fazendo a mesma coisa dia após dia."

GEORGE LUCAS[1]

Meu filho Declan, o fã de Darth Vader a quem este livro é dedicado, tem atualmente 6 anos. Três anos atrás, ganhou a companhia da irmã Rian. Declan é muito chegado à mãe e, quando Rian nasceu, tive a nítida sensação de que ele poderia sentir algum tipo de ameaça e perda. Poucas semanas depois de ela vir para casa, encontrei-me cantando uma canção para o meu filho, das profundezas do meu inconsciente, que conseguia ser idiota e ofensiva ao mesmo tempo. Tinha apenas um verso, cantado repetidamente, com uma combinação de prazer vertiginoso e certeza absoluta: "PAPAIS SÃO PARA OS MENINOS E MAMÃES SÃO PARA AS MENINAS."

Declan fingiu não gostar dela, ou pelo menos pensar que estava errada. Sua resposta foi cantar imediatamente depois, com a mesma melodia, "PAPAIS SÃO PARA AS MENINAS E MAMÃES SÃO PARA OS MENINOS". Respondi dizendo: "Declan, você deve estar muito cansado e por isso está meio confuso. Você está cantando errado essa música. Dormiu o suficiente na noite passada?" Ele imediatamente revidou: "Papai, você deve estar trabalhando demais e por isso está meio confuso. Você está cantando errado essa música. Dormiu o suficiente na noite passada?"

Sempre que eu voltava de uma viagem de negócios, eu já o pegava e lhe dizia: "Declan, isso é incrível, você não vai acreditar! Eu estava assistindo a um programa de notícias em um quarto de hotel na Califórnia e apareceu um comercial. Havia algumas pessoas e todas começaram a cantar 'PAPAIS SÃO PARA OS MENINOS E MAMÃES SÃO PARA AS MENINAS'. Então é verdade!" E ele respondia: "Papai, enquanto você estava fora, eu estava assistindo a um jogo de beisebol em casa e apareceu um comercial. Todos começaram a cantar 'PAPAIS SÃO PARA AS MENINAS E MAMÃES SÃO PARA MENINOS'. Então você deve estar fazendo confusão. Está muito cansado?"

Embora Declan ainda finja não gostar de nossa pequena canção, ele sempre soube do que ela realmente trata. A canção originalmente dizia: "Você tem uma irmãzinha, e ela toma algum tempo da sua mãe, mas seu pai está aqui por você." Seu significado é mais simples agora: "Eu estou aqui por você."

Há certa evidência de que ele compreende isso. Sempre que minha esposa e eu jantamos fora e voltamos tarde para casa, ele tende a cair no sono em nossa cama. Quando o pego para levá-lo ao seu próprio quarto, começo a assobiar a insípida melodia de uma canção específica. Ele pode estar dormindo, mas sempre sorri.

Hoje Rian tem 3 anos e já ouviu a música incontáveis vezes, nas suas duas versões diferentes. Às vezes, ela canta, com prazer, "PAPAIS SÃO PARA AS MENINAS E MAMÃES SÃO PARA MENINOS". Às vezes ela canta, com igual prazer, "PAPAIS SÃO PARA OS MENINOS E MAMÃES SÃO PARA AS MENINAS".

Ambas as versões estão certas. São complementares, não contraditórias. Rian é uma garota inteligente e sabe exatamente do que ela está falando.

ARREPENDIMENTO

Faça a qualquer adulto esta pergunta: "Qual é o seu maior arrependimento na vida?"

Há uma boa chance de que a resposta seja "não fui bom o suficiente com os meus pais". Essa resposta é mais provável se um dos pais morreu. Se for esse o seu caso, e se você estivesse se distanciado ou apenas brigado, essa resposta cauterizaria a alma. E mesmo que você fosse um filho ou filha muito bom ou muito boa, você talvez tenha pensado que isso não bastou e poderia muito bem ter o mesmo pesar. Ao externar isso, você consegue se abrir um pouco (como eu estou fazendo agora).

Para aqueles que dão essa resposta, imagine o que significaria um pai voltar do além-túmulo e dizer-lhe: "Você foi o melhor filho que eu jamais poderia imaginar ter e não precisa ter um momento de arrependimento, eu te amo." Ou, se isso não for realista, que tal isto: "Claro que nós brigamos. Isso é o que devemos fazer! Ninguém é perfeito, muito menos eu. Nós dois cometemos erros. Bem-vindo à espécie humana. Você é meu filho e nós estamos no coração um do outro, e eu te amo."

Se você perguntar às pessoas que se questionam sobre o seu maior arrependimento, há também uma boa chance de que você ouça esta resposta, pelo menos de pessoas de certa idade: "Eu não fui um pai bom o suficiente." As pessoas com filhos adultos quase nunca se perguntam "Por que eu passei tão pouco tempo trabalhando?". Em vez disso, pensam: se pudesse fazer tudo de novo, eu teria sido um pai muito melhor. Se você está afastado de seu filho, ou apenas brigado com ele, esse é um pensamento lancinante. Mas, mesmo que tenha sido um excelente pai, você pode pensar que poderia ter sido muito melhor.

Para aqueles que dão essa resposta, o que significaria para um filho guiar o carro até a sua casa, ou entrar em um avião, e dizer: "Caramba, é claro que você me amou, e eu senti isso todos os dias, e eu ainda sinto agora. Você não deve ter um momento de arrependimento. Claro que você não era perfeito. Mas, para mim, você era o melhor pai do mundo?" Ou se isso for demais, que tal isso? "Você não era o melhor pai, e eu não era o melhor filho. Mas nunca é tarde demais. Eu te amo. Que tal um jantar hoje à noite?"

Essa é uma das coisas das quais Star Wars fala mais profundamente: pais, filhos e redenção. À sua maneira, a série está dizendo, repetidamente, que PAPAIS SÃO PARA OS MENINOS. Está apontando para a indispensabilidade do amor paterno e tem muito a dizer sobre as distâncias que as pessoas, sejam meninos ou meninas, irão percorrer para obtê-lo.

"ESSE GRANDE ROMPIMENTO"

Para cada criança, menino ou menina, um pai deve parecer, às vezes, ser uma espécie de Vader — grande, alto, assustador, com uma voz profunda e retumbante, insanamente poderoso e, pelo menos, potencialmente violento. Para qualquer criança, menino ou menina, um pai é tanto jedi como sith — Obi-Wan Kenobi, suave, tranquilizador e bom; Vader, feroz e aterrador. Claro, todo pai oferece a sua própria combinação. Mas quase todos parecem ter fácil acesso ao Lado Sombrio, pelo menos para uma criança, e com seu imenso poder eles parecem capazes de qualquer coisa.

Na primeira trilogia, Lucas conseguiu ser bastante original sobre pais e filhos, e, embora sua história fale a todos, deu algumas dicas pessoais sobre o porquê. Seu relacionamento com o próprio pai, George Sr., era conturbado; em alguns aspectos, até mesmo torturante. Era cheio de decepções, ordens e proibições. Como um dos entrevistadores de Lucas observou, George Sr. era conhecido como um "empresário dominador e de ultradireita" e aqueles que "conhecem Lucas sempre insistiram que a torturada relação entre Darth e Luke nasceu, de muitas formas, do relacionamento de Lucas com seu próprio pai".[2]

O pai de Lucas não tentou (tanto quanto sabemos) convencê-lo a ir para o Lado Sombrio ou a dominar o universo como pai e filho, mas de fato o instou a abandonar seus sonhos e a se juntar a ele nos negócios da família. "Meu pai queria que eu fosse para o negócio de artigos de papelaria e administrasse uma loja de equipamentos de escritório. [...] Ele ficou arrasado quando me recusei a me envolver no negócio."[3] Segundo a opinião geral, seus enfrentamentos sobre esse assunto eram turbulentos e, por um período, eles acabaram se afastando. (Vale a pena deter-nos sobre esse ponto. Mesmo que seja temporário, um distanciamento entre pais e filhos é extraordinariamente doloroso. Já passei por isso.)

Como Lucas afirma, com naturalidade desafiadora: "Aos 18 anos, tivemos esse grande rompimento, quando ele me queria no negócio, e eu me recusei."[4] Como seu pai recordou, "eu briguei com ele; não queria que ele entrasse naquele maldito negócio do cinema".[5] Apesar de George Sr. ter proferido tais palavras anos mais tarde, "maldito negócio do cinema", é possível sentir a crítica.

De fato, não houve sabres de luz. Ninguém perdeu uma mão. Mas todo filho anseia pela aprovação de seu pai e para Lucas não foi fácil obtê-la. De forma comovente, ele diz: "Você só tem que fazer uma coisa na vida: que seus pais tenham orgulho de você."[6] E cada criança anseia por saber quem seus pais realmente são. Será que alguma vez descobrimos? Não tenho certeza.

Referindo-se a si mesmo e a Steven Spielberg, Lucas notou certa vez: "Quase todos os nossos filmes são sobre pais e filhos. Quer se trate de Darth Vader ou E.T., não creio que você possa olhar para algum dos nossos filmes e não encontrar isso."[7] É uma declaração e tanto para alguém que fez uma grande quantidade de filmes cujos mais famosos parecem lidar com planetas, naves espaciais e droides. E, mais pessoalmente, com bastante gentileza: "Os pais se esforçam tanto quanto possível para fazer a coisa certa. Eles não estão propositadamente tentando prejudicá-lo. Eles não querem ser Darth Vader."[8]

O próprio Lucas foi capaz de se reconciliar com seu pai, embora tenha levado anos para que voltassem a se aproximar. Ele reúne uma grande quantidade de dor e compreensão nestas palavras: "Ele viveu para finalmente me ver sair da condição de inútil — alguém, como ele diria, 'com desenvolvimento tardio' — para a de realmente bem-sucedido. Eu lhe dei a única coisa que todo pai quer: ver o seu filho em segurança e capaz de cuidar de si mesmo. Isso era tudo o que ele desejava, e foi o que conseguiu."[9]

Não é irrelevante que, depois de *O retorno de jedi*, Lucas tenha abandonado Star Wars e deixado de fazer filmes. Foi por uma única razão: ele queria ser um bom pai. Retirou-se por duas décadas para que pudesse criar seus filhos.[10] Perguntado em 2015 sobre o que desejava que fosse escrito na primeira linha de seu obituário, ele respondeu, sem a menor hesitação: "Eu fui um grande pai."[11]

O PRESENTE DE LUKE

As primeiras duas trilogias — a meia dúzia de Lucas — deveriam ser chamadas de "A Redenção de Anakin Skywalker". A redenção ocorre como resultado de um intenso apego, também conhecido como amor. Essa forma de apego é a razão por si só do pendor de Anakin para o Lado Sombrio. É por isso que ele cai: não pode suportar a perda da sua amada. É o coração de Anakin que o deixa em apuros.

O apego é também o motivo de sua escolha de retornar para a Luz. Ele não pode suportar ver seu filho morrer. No fim, Star Wars insiste que você não pode se redimir sem o apego. É a mensagem mais forte da saga, que a faz falar ao eu mais profundo das pessoas.[12]

A redenção tem tudo a ver com o perdão. Se você é perdoado, acima de tudo por si próprio, pode haver redenção. Luke perdoa o pai. (Uma boa lição para as crianças em todos os lugares: se Luke consegue perdoar praticamente a pior pessoa na galáxia, então qualquer pai pode ser perdoado. Uma boa lição para os rancorosos também. Deixa pra lá.) Mesmo perto do fim, Luke está disposto a dar a Vader esse presente supremo. Ele o redime por meio do perdão. Como Lucas disse: "Somente por meio do amor de seus filhos, da compaixão deles, filhos que creem em Vader, mesmo sendo um monstro, é que ele se redime."[13]

Star Wars não se limita a nenhuma religião em particular. Mas, a esse respeito, pode pretender ser uma história genuinamente cristã.

Em *O despertar da Força*, Han tem precisamente a mesma atitude — em relação a Kylo, seu filho — que Luke teve com seu pai, o avô de Kylo. De fato, isso não funcionou tão bem. Mas é só esperar. Para a terceira trilogia, prevejo alguma redenção pelo caminho, e para mais de uma personagem. (Você verá.)

"MAS VOCÊ VAI MORRER"

Em Star Wars, Anakin é a figura satânica, a personificação do mal. Ele foi tornado bom porque seu filho insiste em ver bondade nele e decide amá-lo; e porque, no final, Anakin escolhe retribuir esse amor. Martin Luther King Jr. tinha algo relevante a dizer a respeito: "Há algo de bom no pior de nós e algo de mau no melhor de nós. Quando descobrimos isso, somos menos propensos a odiar nossos inimigos."[14] A reconciliação pessoal muitas vezes vem do reconhecimento dessa verdade. O mesmo vale no domínio político; quando pessoas que se odiavam se unem ou quando opressor e oprimido se tornam concidadãos, é por essa razão. Nelson Mandela compreendeu isso bem.

A cena da redenção é precedida por uma luta feroz entre pai e filho. (Todo filho quer muito isso, e também odeia a ideia e é aterrorizado por ela.) Vader deveria ganhar, como fez em *O Império contra-ataca;* ele é muito maior e parece mais forte. Mas, treinado por Yoda, Luke consegue se impor. Vader, forçado a

PAIS E FILHOS

recuar, perde o equilíbrio e é derrubado escada abaixo. Luke fica no topo, pronto para atacar. À beira da vitória, ele se recusa a ir até o fim. Com sua voz suave e jovial, ele diz: "Eu não vou lutar com você, pai." Em seu barítono ameaçador, Vader responde: "Você é tolo baixando a guarda." Como Vader pressente que Luke tem uma irmã, ele a ameaça com um ultimato: "Obi-Wan foi sábio ao escondê-la de mim. Agora o fracasso dele está completo. Se você não se converter ao Lado Sombrio, então talvez ela o faça."

É nesse ponto que Luke, tomado pela fúria do Lado Sombrio, usa sua raiva e decepa a mão direita de seu pai na altura do pulso (uma espécie de emasculação). Vader está à mercê do filho. O imperador diz a Luke: "Muito bom! Seu ódio o fez poderoso. Agora, cumpra o seu destino e tome o lugar de seu pai ao meu lado!" Mas, rejeitando o que ele próprio estava se tornando, Luke se recusa a cometer parricídio: "Você falhou, Sua Alteza. Eu sou um jedi, como era meu pai antes de mim." É então que o imperador tenta matar Luke, lançando raios sobre ele. Como Cristo, Luke pede: "Pai, por favor. Ajude-me." No último momento possível, Vader ergue o imperador e o arremessa para a morte, salvando seu filho; mas o próprio Vader está morrendo.

Eis a cena da redenção:

DARTH VADER: Luke... me ajude a tirar esta máscara.
LUKE: Mas você vai morrer.
DARTH VADER: Nada... poderá impedir isso agora. Só por uma vez... Deixe-me... olhar para você com os meus *próprios* olhos. [*Luke tira a máscara de Darth Vader, uma parte por vez. Sob tudo aquilo, Luke vê o rosto de um homem velho, empalidecido, marcado com cicatrizes, careca — Anakin, seu pai. Anakin olha tristemente para Luke, mas, em seguida, abre um sorriso cansado.*]
ANAKIN: Agora... vá, meu filho. Me deixe.

LUKE: Não. Você virá comigo. Eu não vou deixá-lo aqui, tenho que salvá-lo.

ANAKIN: Você já... me salvou, Luke. Você estava certo. Você estava certo sobre mim. Diga à sua irmã... você estava certo.

[*Anakin sorri, seus olhos começam a se fechar, e ele afunda na morte ao dar seu último suspiro.*]

Para um conto de fadas, isso é bom. Na verdade, é muito bom. É ótimo até. Eis um bonito trecho da romantização: "O garoto era bom, e o garoto tinha vindo *dele* — então deveria haver algo de bom *nele* também. Ele sorriu de novo para o filho e, pela primeira vez, o amou. E pela primeira vez em muitos e muitos anos amou a si mesmo outra vez."[15] (Uma razão pela qual nós amamos outras pessoas é que elas nos ajudam a amar a nós mesmos. Luke fez isso por Anakin, e Han tentou fazê-lo por Kylo.)

A simplicidade do diálogo aqui é um pouco perturbadora. Lucas conhece o mito, e tem uma imaginação visual espetacular, mas, na maior parte do tempo, as emoções não são exatamente o seu forte. Embora goste de editar, ele nem sempre gosta de trabalhar com pessoas. (Nas prequelas, são droides e mais droides. Exércitos de droides por toda parte. Todos os droides o tempo todo.) Harrison Ford lhe disse algo ótimo: "Você até pode digitar essa merda, George, mas não pode dizer isso."[16] Ele confessa que sofre com os diálogos. Lucas disse: "Acho que sou um péssimo escritor."[17] Certa vez admitiu: "Eu seria a primeira pessoa a dizer que não consigo escrever diálogos. [...] Particularmente não gosto deles, o que é parte do problema".[18] E, como Ford comentou em uma entrevista, "George não é a melhor pessoa para lidar com essas situações humanas, para dizer o mínimo".[19]

Mas, no momento crucial da trilogia original, Lucas conseguiu. Ele foi o melhor para lidar com essa situação humana em

PAIS E FILHOS

particular. E sabia exatamente o que estava fazendo. Desse ponto de vista, ele não iludiu ninguém.

Lucas tinha muitas fontes; para a jornada de Luke, sua principal fonte era a história de *O herói de mil faces*, de Campbell. Toda a série rastreia o relato de Campbell. Mas e quanto à noção de um pai sacrificar a si mesmo, repudiar a causa de toda a sua vida e morrer a fim de salvar seu filho? É do próprio Lucas. É altamente original.

Isso é o que coroa o momento "Eu sou seu pai".

"O APEGO É PROIBIDO" — NÃO!

As prequelas tratam ostensivamente de uma coisa acima de tudo: os perigos do apego. Nas próprias palavras de Anakin: "O apego é proibido. A posse é proibida." As palavras de Yoda: "Liberte-se do medo e a perda não poderá prejudicá-lo."[20] Claramente influenciado pelo budismo, Lucas, de forma consciente, retratou uma pessoa que se volta para o mal porque não conseguia se "desapegar" — de sua mãe e de sua amada. O medo da perda é a queda de Anakin. E é claro que esse tema está fortemente presente na história de Luke também. Luke é descuidado e vulnerável ao Lado Sombrio, porque está com um medo pavoroso de perder as pessoas que ama. "Seus amigos estavam em terrível perigo e, claro, ele precisa salvá-los."[21]

Mais uma vez, as palavras de Yoda: "Treine a si mesmo para libertar-se de tudo que você tem medo de perder." Yoda novamente: "Do Lado Sombrio o desespero está." A razão? "Mesmo o desespero é apego; é uma garra prendendo a dor."[22]

O ponto aqui é simples: se estiver apegado a alguém, você se torna vulnerável. Lembre-se das famosas palavras de Yoda: "O medo leva à raiva, a raiva leva ao ódio, o ódio leva ao sofrimento."

O desapego sereno é o melhor caminho, e o único seguro, porque impede escolhas catastróficas. Luke quase fracassa como um cavaleiro jedi por causa de sua raiva, alimentada pela promessa de Vader de perseguir sua irmã. Anakin fracassa como um cavaleiro jedi porque é incapaz de se desapegar; ele está desesperado para encontrar uma maneira de trazer seus entes queridos de volta à vida. Como Lucas colocou, "sua desgraça é amar demais".[23]

Os sith conseguem se vingar só por causa do medo da morte de Anakin — não da sua própria, mas das pessoas que ele ama. Como resultado desse medo, Anakin faz uma escolha desastrosa. E, de fato, linhas de pensamento tanto da filosofia ocidental como da oriental argumentam fortemente a favor do desapego. Estoicismo e budismo fazem apelo ao desapego. Ao enfatizar os perigos associados ao medo da perda, os filmes de Star Wars tomam emprestado intensamente dessas tradições. Como a filósofa Martha Nussbaum observa, "os estoicos acham que você nunca deve se lamentar" e "Cícero relata que um bom pai estoico diz que, se sua criança morrer, 'sempre tive consciência de ter gerado um mortal'".[24]

Mas, em *O retorno de jedi*, Anakin não é redimido pela serenidade e distanciamento, mas por seus opostos. Ele escolhe matar o imperador porque não pode suportar ver seu filho morrer. (Nada mais a acrescentar sobre aquelas bobagens estoicas. Anakin preferiu decidir *assim*.)

Seja lá o que Yoda disse, Anakin acaba sendo redimido por medo da perda e pelo amor, não pelo desapego — e por isso ele está, ao fazer a escolha redentora, em perfeita continuidade com o seu eu anterior, mostrando as próprias características que o levaram para o Lado Sombrio. Quando Lucas insistiu nesse ponto, a Força sem dúvida estava com ele. Em termos de narrativa, esse é o seu melhor momento.

PAIS E FILHOS

A redenção de Anakin Skywalker transcende as lutas pessoais de qualquer indivíduo. Seu tema real é universal. Por sua inocência e bondade, pela sua capacidade sem limites para o perdão e pelo puro poder de sua fé e de sua esperança, as crianças redimem seus pais, trazendo à luz o seu melhor "eu". E, como todas elas sabem, no fundo de seu coração, qualquer pai provavelmente escolherá arriscar sua vida para salvar a sua criança, mesmo que isso signifique competir com o próprio imperador. Quando faz essa escolha, a Força estará com ele onde quer que esteja.

Eu gosto disso e acredito nisso.

Episódio VI

LIBERDADE DE ESCOLHA

Não se trata de destino ou profecia

Todo mundo tem a opção de ser ou não ser um herói todos os dias de suas vidas. Você pode ajudar alguém, pode ser compassivo com as pessoas, pode tratar algumas pessoas com dignidade. Ou não.

GEORGE LUCAS[1]

No hino nacional dos Estados Unidos, as palavras mais famosas são estas: "Ó, dizei, a bandeira estrelada ainda tremula/ Sobre a terra dos livres **e** o lar dos valentes?" O trecho mais importante desse excerto é a "terra dos livres". (Ouça essas palavras como se fossem recentes e novas.)

Uma nova esperança foi feito nos Estados Unidos, na sequência dos anos 1960 e na sombra do movimento dos direitos civis, da União Soviética e da era Watergate. A liberdade era o ideal nacional e parecia correr um grave risco. O movimento dos direitos civis sugeriu que muitos norte-americanos não eram verdadeiramente livres. Quando *Uma nova esperança* foi lançado, as palavras de Martin Luther King não eram uma memória distante:

E que a liberdade ressoe então dos picos prodigiosos de New Hampshire.

Que a liberdade ressoe das grandiosas montanhas de Nova York.

Que a liberdade ressoe dos elevados Allegheny da Pensilvânia.

Que a liberdade ressoe dos cumes nevados das Rochosas do Colorado.

Que a liberdade ressoe das encostas onduladas da Califórnia.

Mas não só isso:

Que a liberdade ressoe da montanha Stone da Geórgia.

Que a liberdade ressoe da montanha Lookout do Tennessee.

Que a liberdade ressoe de cada montanha e de cada colina do Mississippi.

De todas as encostas, que a liberdade ressoe.

Para muitas pessoas, incluindo George Lucas, a administração Nixon era uma ameaça muito grave. Era um governo disposto (ansioso!) a punir adversários políticos por meio de abusos tributários, a criar uma "lista de inimigos", a subornar e a ameaçar, até mesmo a grampear o Partido Democrata. Será que os Estados Unidos desistiriam da liberdade de fato? Será que o fariam voluntariamente? Em agosto de 1974, Nixon renunciou em meio a um esforço pelo impeachment que quase certamente o teria levado à destituição do cargo. A sombra da administração Nixon se assomava sobre a escrita de Star Wars e à sua recepção.

Naturalmente, a luta contínua entre os Estados Unidos e a União Soviética era um cenário crucial. Foi só em 1983 que Ronald

LIBERDADE DE ESCOLHA

Reagan usou as palavras "império do mal" (como já observei, ele pode ter sido influenciado por Star Wars). Mas, na década de 1970, muitos norte-americanos viam o Leste Europeu como uma espécie de prisão e consideravam os Estados Unidos um farol da liberdade, lutando uma Guerra Fria cuja vitória estava longe de ser certa. Mesmo que considerassem a administração Nixon com alarme, acreditavam que as instituições estadunidenses valorizavam a liberdade e representavam uma conquista preciosa e frágil. Será que o comunismo prevaleceria?

Opondo a Rebelião ao Império, Star Wars celebra a liberdade política. Essa é uma das distinções centrais entre a Luz e a Escuridão da Força. Mas Star Wars também busca algo que é maior e muito mais íntimo. É um comentário sobre a condição humana. Diz respeito às vidas individuais, não apenas às instituições políticas. Assume uma posição inequívoca sobre um profundo debate filosófico. Insiste em que a liberdade de escolha é, em certo sentido, inviolável, quer a conheçamos ou não.

Seu pai pode desejar que você o acompanhe em um negócio, e seu Yoda pode querer que você fique com ele em Dagobah, e seu capitão na Primeira Ordem pode ordenar que você se apresente ao serviço. Mas, no fim, cabe a você decidir. Claro, o preço do exercício da sua liberdade pode ser elevado. Ainda assim, cabe a você decidir.

LIBERDADE E PILOTO AUTOMÁTICO

Lawrence Kasdan tem algo a dizer sobre Star Wars: "*O despertar da Força, Uma nova esperança, O Império contra-ataca* — estes são filmes sobre perceber o que está dentro de você. Essa é uma história com a qual todo mundo pode se conectar. Mesmo quando chegar à minha idade, você ainda estará tentando descobrir isso. É incrível, mas é verdade. O que eu sou, do que sou feito, se realizei o meu potencial ou se ainda dá tempo de realizá-lo. É disso que a saga Star Wars trata."[2]

Pelo menos tanto quanto os efeitos especiais, as criaturas e a música alta, o relato de Kasdan ajuda a explicar a alegria que os filmes produzem. Pense em Luke, Han, Anakin, Rey, Finn e Kylo. Em momentos-chave, cada um deles escolhe fazer as quatro perguntas de Kasdan. Luke acompanhou Obi-Wan a Alderaan, Han salvou a pele de Luke, e Anakin matou o imperador. Finn desertou da Primeira Ordem, Rey reivindicou o sabre de luz de Luke, e Kylo — bom, não escolheu muito bem, mas, ei, ainda foi uma escolha livre. (Até mesmo os sith respeitam a liberdade quando as pessoas estão escolhendo entre o lado da luz e o da escuridão. Se pretende se transformar em um, você tem que escolher isso por conta própria.)

Seja como meninos de fazenda, catadores de sucata ou stormtroopers, as pessoas vivem grande parte de suas vidas no piloto automático, como se estivessem presas em suas situações — a fazenda, uma briga, um mau relacionamento, um trabalho ruim. Elas com frequência não levantam as questões de Kasdan. Pois deveriam. (Você deveria.) São questões libertadoras, e só o fato de levantá-las pode mudar tudo. Finn certamente descobriu isso e, de uma forma diferente, Han também. Os filmes são muito divertidos, mas essa é uma questão séria. Bruce Springsteen, em "Long Time Comin'": "Yeah I got some kids of my own/ Well if I had one wish for you in this god forsaken world, kid/ It'd be that your mistakes will be your own/ That your sins will be your own." ["Sim, tenho meus próprios filhos/ Bem, se eu tivesse um único desejo para você, neste mundo esquecido por Deus, garoto/ Seria que seus erros fossem seus mesmos/ Que seus pecados fossem seus mesmos".]

Que sempre temos liberdade de escolha é uma das coisas mais importantes que Lucas quis dizer, e que seus sucessores também estão dizendo. As pessoas que amam Star Wars ouvem isso, alta e claramente. O ponto importante aqui é simples, e por isso pode ser abreviado.

FILOSOFIA

Há, evidentemente, um debate acadêmico elaborado sobre a existência do livre-arbítrio. As pessoas são livres para escolher ou devemos apoiar o determinismo, que afirma que elas não são?

Parte desse debate é empírico; questiona-se até que ponto as escolhas das pessoas são determinadas pelo seu ambiente. Muito da ciência comportamental sugere que o ambiente realmente importa: se você vai economizar ou gastar, perder peso, agir de forma justa, conseguir um emprego ou até mesmo ser feliz pode depender de pequenas características do contexto social. Você está vivendo em meio a um tipo de arquitetura da escolha que pode ter um efeito decisivo no que você escolhe. (O ambiente propicia uma arquitetura da escolha, assim como ruídos e cores, e tamanhos de fonte também.) Pode-se dizer a mesma coisa sobre se você vai se apaixonar por alguém, ou ir para o Lado Sombrio, ou matar, ou, em vez disso, salvar o seu pai? Isso parece ser uma posição extrema. Mas pode ser verdade.

Dentro da filosofia, os debates são mais conceituais. Há uma visão de que o livre-arbítrio existe quando fazemos escolhas que se ajustam aos nossos próprios valores mais profundos: aquelas que sustentamos depois de refletirmos. Se você decidir se tornar um médico, parar de fumar ou ser um pouco mais gentil no local de trabalho, provavelmente estará exercendo o seu livre-arbítrio. O filósofo Harry Frankfurt faz uma distinção entre o que desejamos (um cigarro, um soninho extra, uma visita ao Lado Sombrio) e o que desejamos desejar (ficar sem cigarros, ter

130　　　　O MUNDO SEGUNDO STAR WARS

um pouco mais de trabalho, a Luz). Frankfurt argumenta que, se agimos de acordo com o que ele chama de nossos desejos de segunda ordem, estamos exercendo o nosso livre-arbítrio. Para ele, a liberdade tem muito a ver com o ideal de autodomínio.

Essa é uma visão controversa e algumas pessoas a rejeitam. Quanto aos debates filosóficos, Star Wars tem duas coisas a dizer. Em primeiro lugar, Frankfurt está essencialmente certo. Nos momentos-chave, seus heróis agem de acordo com seus valores mais profundos. (É assim que eles respondem às perguntas de Kasdan.) Eles optam por fazê-lo livremente; é assim que expressam a sua liberdade; isso é o que os torna livres. Em segundo lugar, o livre-arbítrio é real. A cada momento — seja pequeno ou grande —, você tem que decidir o que fazer com a sua própria vida. Você pode deixar um relacionamento ou um emprego; você pode ajudar alguém; você pode tentar salvar uma vida (até mesmo a própria).

Filmes sobre Luke Skywalker e Obi-Wan Kenobi não podem resolver debates acadêmicos de longa data, mas a mensagem é clara — e, a propósito, também é a correta.

"ANAKIN DIZ SIM E LUKE DIZ NÃO"

Muitas pessoas menosprezam as prequelas de Star Wars, algo compreensível; não são consideradas boas o suficiente como a trilogia original. Mas, à sua maneira, não são apenas bonitas; são também extremamente inteligentes. Aqui está a melhor parte: todas as escolhas na primeira trilogia estão espelhadas com precisão nas prequelas. As duas trilogias são sobre a liberdade de escolha sob condições quase idênticas. Lucas estava inteiramente ciente disso: "Luke se depara com os mesmos problemas e praticamente as mesmas cenas com que Anakin se depara. Anakin diz sim e Luke diz não."[3]

LIBERDADE DE ESCOLHA 131

Em *Ataque dos clones*, as visões de Anakin do sofrimento da sua mãe, paralelamente às próprias visões de Luke, levam-no a optar por desobedecer a ordem para proteger Padmé. Ele viaja para casa para salvar sua mãe, ignorando o conselho de seu padrasto para que aceitasse a morte dela. Incapaz de resgatá-la, ele faz uma escolha fatal, que é sacar o sabre de luz e abater aqueles que julga responsáveis pelo martírio da mãe.

Em *A vingança dos sith*, Anakin, assim como Luke, deve decidir sobre o destino de um inimigo derrotado. Luke poupa Anakin; Anakin toma um caminho diferente. Logo no início, ele decide, por insistência do imperador, matar o conde Dookan. E, se você estiver de bom humor, a cena é intensa. Palpatine: "Muito bem, Anakin, muito bem. Eu sabia que você seria capaz de fazê-lo. Mate-o. Mate-o agora!" Anakin responde, fracamente: "Eu não deveria." Mas ele o faz, desculpando-se: "Eu não consigo parar." Ponto para Frankfurt: Anakin está nas garras de seus desejos de primeira ordem; ele não consegue evitá-lo, apesar de seu desejo de segunda ordem ser contrário: "Eu não deveria."

Na cena crucial nas prequelas, a situação em *O retorno de jedi* é explicitamente invertida, pois Anakin salva Palpatine (Darth Sidious) e, por fim, permite que ele mate Mace Windu. Quando Windu está triunfando sobre Palpatine, o Lorde Sith implora pela ajuda de Anakin, oferecendo estas palavras determinantes: "Você precisa escolher." Ele o faz, escolhendo Palpatine — e, em seguida, se curva ante o Lado Sombrio. O ponto culminante:

ANAKIN SKYWALKER: [após a morte de Mace Windu e desorientado] O que eu fiz?
DARTH SIDIOUS: Você está cumprindo o seu destino, Anakin. Torne-se meu aprendiz. Aprenda a usar o Lado Sombrio da Força. Não há como voltar atrás agora.

ANAKIN SKYWALKER: Farei o que você pedir. Apenas me ajude a salvar a vida de Padmé. Não posso viver sem ela. Se ela morrer, não sei o que vou fazer.

DARTH SIDIOUS: Enganar a morte é um poder que se alcança somente através de séculos de estudo da Força. Mas, se trabalharmos juntos, sei que poderemos descobrir o segredo da vida eterna.

ANAKIN SKYWALKER: Eu prometo seguir seus ensinamentos. Dos caminhos dos sith.

DARTH SIDIOUS: Bom. Muito bom! A Força está firme com você, Anakin Skywalker. Um sith poderoso você se tornará. De agora em diante, você será conhecido como Darth... Vader.

ANAKIN SKYWALKER: Obrigado... meu mestre.

DARTH SIDIOUS: Lorde Vader... erga-se.

Nos momentos cruciais, destino e profecias são apenas ruídos de fundo. Sidious fala de destino, mas está claro que Anakin fez a sua escolha ("Prometo seguir seus ensinamentos"). Repetidamente, os personagens mais importantes em Star Wars encontram dois caminhos, intuem algo sobre as consequências de ambos e decidem de acordo com isso. Padmé insiste: "Há sempre uma escolha." Anakin ouve o eco da voz de Padmé, décadas mais tarde, quando decide salvar seu filho do imperador? Gosto de pensar que sim.

"VOCÊ TEM MUITAS OPORTUNIDADES
PARA MANTER OS OLHOS ABERTOS"

Eis Leia falando da aparente deserção de Han da Rebelião em *Uma nova esperança*: "Um homem deve seguir o próprio caminho. Ninguém pode escolher por ele."[4] Eis Obi-Wan falando a Luke, novamente em *Uma nova esperança*: "Então você deve fazer o que acha que está certo, é claro." Eis as palavras de Lucas: "A vida o manda por caminhos engraçados. E você tem muitas oportunidades para manter os olhos abertos."[5] Ele estava falando de sua vida, mas também poderia estar falando de Star Wars e dos personagens que povoam a saga.

Na trilogia original, Darth Vader diz a Luke: "É o seu destino, juntar-se a mim; juntos poderemos governar a galáxia como pai e filho." Errado! O imperador diz a Luke: "É inevitável. É seu destino. Você, assim como seu pai, são agora... meus."[6] Errado de novo!

As escolhas são a condenação e redenção de Anakin e são o que certamente transformaram Han em um combatente da Rebelião (de certo modo) e Lucas em um jedi. As opções são o que transformaram Finn em um combatente da Resistência e Rey em uma futura jedi. Lucas mais uma vez: "Você tem o controle de seu destino. [...] E tem muitos caminhos a percorrer."[7]

Em uma entrevista de 2015, eis como Kasdan se expressou:

> A frase favorita que já escrevi está em *Os caçadores da arca perdida*. Sallah diz a Indy, "Como você está fazendo para recuperar a caixa?" E Indy diz: "Eu não sei. Eu estou inventando conforme avanço." Essa é a história da vida de todo mundo. Isso acontece de forma bastante dramática para Indiana Jones. Entra num caminhão, sobe num cavalo. Mas para você e eu, bem, nós também estamos inventando. Eis como eu vou me comportar. Eis o que estou disposto a fazer para ganhar a vida; eis o que não estou disposto a fazer. Como inventamos as nossas vidas conforme avançamos. É uma ideia tão poderosa porque é muito emocionante.[8]

Isso!

Episódio VII

REBELDES

Por que impérios caem, por que combatentes da resistência (e terroristas) se erguem

Finn: Han Solo, o general da Rebelião?
Rey: Não! O contrabandista!

Star Wars não é um tratado político, mas tem uma mensagem política. Afinal, opõe um Império a uma República, e uma Primeira Ordem a uma Resistência, e seus heróis são rebeldes que querem trazer a paz e a justiça de volta à galáxia.

Essa é uma razão para o apelo universal da saga. Quaisquer que sejam as suas convicções políticas, e onde quer que viva, é provável que você veja algum tipo de "imperador" e que tenha alguma simpatia por certos "rebeldes" ou alguma forma de "Resistência". Seu professor ou seu chefe pode lhe parecer um imperador. Talvez o líder de sua nação faça você pensar em Palpatine; e então o partido de oposição talvez seja a Resistência. Você pode seguir um Skywalker. (Nos Estados Unidos, muitas pessoas viam John F. Kennedy como um tipo de Luke, assim como Reagan e Obama.)

136   O MUNDO SEGUNDO STAR WARS

George Lucas certamente tinha ideias políticas em mente. Observei que ele modelou o imperador Palpatine a partir de Richard Nixon, e o Vietnã forneceu um cenário relevante para a sua história. Em suas próprias palavras:

> Comecei a trabalhar em Star Wars em vez de continuar com *Apocalypse Now*. Eu havia trabalhado em *Apocalypse Now* por cerca de quatro anos e tinha sentimentos muito fortes a respeito dele. Queria fazê-lo, mas não conseguia tirá-lo do chão. [...] Muito do meu interesse em *Apocalypse Now* foi transferido para Star Wars. [...] Achei que não poderia fazer aquele filme porque era sobre a Guerra do Vietnã; eu, essencialmente, lidaria com alguns dos mesmos conceitos interessantes que estava usando e os converteria em uma fantasia espacial; então, basicamente, haveria um grande império tecnológico perseguindo um pequeno grupo de combatentes ou seres humanos pela liberdade, [...] um pequeno país independente, como o Vietnã do Norte, ameaçado por um vizinho ou uma rebelião provincial, instigado por gângsteres ajudados pelo Império... O Império é como a América daqui a dez anos, depois de gângsteres nixonianos assassinarem o imperador e serem levados ao poder por meio de uma eleição fraudulenta; e criarem desordem civil instigando distúrbios raciais, auxiliando grupos rebeldes e permitindo que a taxa de criminalidade subisse a ponto de um estado policial de "controle absoluto" ser bem-vindo ao povo. E o povo então seria explorado com altos impostos e custos de serviços públicos e de transporte.[1]

É bastante seguro dizer que Star Wars critica a autoridade centralizada e seu coração rebelde está com aqueles que tentam resistir a ela. Mais tarde, Lucas sugeriu ter feito *Uma nova esperança* "durante um período em que Nixon estava tentando chegar a um terceiro mandato — ou tentando alterar a Constituição para que pudesse chegar a um terceiro mandato — e isso me levou a pensar sobre como as democracias se transformam em ditaduras. Não como elas são derrubadas por um golpe ou algo assim, mas a forma como a democracia transforma-se ela mesma em tirania".[2] (Na verdade, Nixon nunca tentaria um terceiro mandato ou tentaria mudar a Constituição, mas Lucas é um bom contador de histórias.)

Mais recentemente, Lucas descreveu uma visita à Europa, após o lançamento de *A vingança dos sith*, "com uma dúzia de repórteres, e todos os correspondentes russos pensando que o filme era sobre política russa, e todos os norte-americanos pensando que era sobre Bush. E eu disse: 'Bem, é na verdade baseado em Roma. E na Revolução Francesa e em Bonaparte'".[3] As prequelas focalizam a ascensão da tirania e o colapso das democracias. Elas exploram os tipos de maquinações que permitem que os ditadores cheguem ao poder e como as repúblicas caem em suas mãos.

Há um relato estilizado da perda de liberdade, que Padmé capta bem: "Então é assim que a liberdade morre... com estrondosos aplausos." (Nós vamos chegar à Alemanha nazista em breve.) Com relação à política e à morte de repúblicas, Star Wars narra uma história perfeitamente reconhecível. Apresenta uma advertência sobre a necessidade de vigilância dos cidadãos contra os inúmeros aspirantes a imperadores que tentam acumular poder à custa do público. É por isso que as pessoas em tantas nações diferentes conseguem apreciar sua política — e sempre será assim.

O despertar da Força, explicou J. J. Abrams numa entrevista a uma revista, "resultou de conversas sobre o que teria acontecido se os nazistas tivessem ido todos para a Argentina, mas, em seguida, começassem a trabalhar juntos novamente. O que poderia ter nascido disso? Poderia a Primeira Ordem existir como um grupo que realmente admirava o Império? Poderia a obra do Império ser vista como inacabada? E poderia Vader ser um mártir? Poderia ser necessário ver através do que não fora feito?".[4]

Essa é a origem da terceira trilogia.

DISCUTINDO INVASÕES EM COMISSÕES

Star Wars tem uma obsessão com a separação de poderes. A série trata de repúblicas e impérios, mas está realmente opondo sistemas democráticos a fascistas. Esse é um tema central nas prequelas, mas você pode encontrá-lo na primeira trilogia também. Quais são as restrições sobre o poder Executivo, sobre os chanceleres (também conhecidos como presidentes)? Sob que condições um funcionário do poder Executivo reivindica autoridade suprema? Não é o Legislativo o poder mais democrático? Será que falha por essa razão? E quando falha?

O imperador Palpatine é capaz de chegar ao poder só por causa das disputas incessantes e sem sentido de representantes do Legislativo da República. Apropria-se da autoridade como resultado direto dessas disputas. (Para alguns norte-americanos no século XXI, que testemunham semelhantes disputas, a apropriação da autoridade não carece de apelo.) Padmé enxerga o problema: "Não fui eleita para ver o meu povo sofrendo e morrendo enquanto vocês discutem esta invasão numa comissão." O mesmo acontece com Anakin: "Nós precisamos de um sistema em que os políticos possam se sentar e discutir o problema, e concordem sobre o que é do interesse do povo em geral, para então atuar." Padmé se pergunta: "E se eles não o fizerem?" Anakin: "Então eles devem ser forçados a fazê-lo."

"UM DECRETO PARA DISSOLVER O PARLAMENTO"

Há política nessa troca. A saga Star Wars tem um verdadeiro problema com a concentração do poder do governo em uma única pessoa. Os filmes são consistentes nesse ponto. Uma observação num momento-chave na ascensão do imperador ao poder em *A vingança dos sith*: "O Senado cedeu tanto poder; é difícil ver onde termina a autoridade do imperador."[5] Em *Uma nova esperança*, o general Tarkin relata: "O Senado Imperial deixará de ser preocupação para nós, senhores. Eu acabo de receber a notícia de que o imperador dissolveu permanentemente aquele corpo mal orientado."[6]

Ao esboçar as prequelas, Lucas começou a pesquisar a transição de democracias para ditaduras, examinando "por que [...] o Senado, depois de matar César, voltou atrás e ofereceu o governo ao seu sobrinho? [...] Por que a França, depois de se livrar do rei e de todo aquele sistema, voltou atrás e o ofereceu a Napoleão?".[7] Ele observou:

> É a mesma coisa com a Alemanha e Hitler. [...] Você meio que vê esses temas recorrentes, nos quais uma democracia se transforma em ditadura, e isso sempre parece acontecer, de certa forma, da mesma maneira, com os mesmos tipos de problemas, e ameaças vindas de fora, que precisam de mais controle. Em um corpo democrático, em um Senado, que não é capaz de funcionar corretamente porque todos estão em disputas com todos, há corrupção.[8]

Hitler foi aparentemente um modelo para Palpatine. Na Alemanha, a própria ascensão do *Führer* foi confirmada por sua bem-sucedida reivindicação de autoridade geral para fazer leis, livre

140 O MUNDO SEGUNDO STAR WARS

de qualquer exigência de autorização legislativa. No meio de uma crise aparente, sinalizada por um incêndio no prédio do Reichstag (Parlamento), Hitler reivindicou aquela autoridade. Em 2 de fevereiro de 1933, um arrepiante relato jornalístico foi publicado, parecido com algo retirado diretamente de Star Wars, mas que, na verdade, é muito real:

> O poder de dissolver o Parlamento a seu critério e governar a Alemanha por decreto, sem o Parlamento, foi confiado hoje a Adolf Hitler, o novo chanceler da Alemanha, pelo presidente Paul von Hindenburg, de acordo com o *Deutsche Allgemeine Zeitung*, um órgão próximo ao governo. O presidente Von Hindenburg assinou um decreto para dissolver o Parlamento, que deverá tornar-se efetivo antes de sua reconvocação, prevista para a próxima terça-feira.[9]

Em *Ataque dos clones*, Mas Amedda diz: "O Senado deve votar para conceder ao chanceler poderes emergenciais." Aceitando esses poderes, Palpatine insiste: "É com grande relutância que concordei com esta convocação. Eu amo a democracia. Eu amo a República. Assim que essa crise for debelada, abrirei mão dos poderes que vocês me concederam!" Sei...

DELEGANDO PODERES

Muitos sistemas legais, incluindo os dos Estados Unidos e da Alemanha, impõem barreiras reais para a concessão do poder de governar por decreto. Segundo a lei norte-americana, há algo chamado "doutrina da não delegação", genericamente concebida para impedir o Congresso de conceder ao presidente a autoridade para fazer o que desejar. O Congresso não pode autorizar o

REBELDES

presidente a governar por decreto. Não é permitido promulgar uma lei que diga "O presidente fica autorizado a promulgar as leis que desejar".

Mas, de vez em quando, os cidadãos objetam que os presidentes estão fazendo algo assim. Sob a presidência de George W. Bush, por exemplo, muitas pessoas sustentaram que travar a guerra contra o terror havia levado o poder a assumir a autoridade de um império, intrometendo-se na privacidade dos cidadãos para promover a segurança nacional. Segundo essa opinião, o presidente Bush estava essencialmente governando por decreto. Na verdade, o vice-presidente Dick Cheney abraçou o Lado Sombrio, de certo modo, ou talvez mais do que isso:

> No entanto, nós também temos que trabalhar uma espécie de lado sombrio. Temos que gastar tempo nas sombras do mundo da inteligência. Muito do que precisa ser feito aqui terá de ser feito discretamente, sem qualquer discussão, usando fontes e métodos disponíveis para nossas agências de inteligência, se é para termos sucesso. Esse é o mundo em que esse pessoal opera, e por isso vai ser vital usar todos os meios à nossa disposição, basicamente, para alcançar o nosso objetivo.[10]

Observem as palavras que nos importam aqui: "[...] todos os meios à nossa disposição, basicamente, para alcançar o nosso objetivo." E, de fato, alguns dos defensores da administração Bush chegaram perto de argumentar que, quando a nação enfrenta uma grave ameaça à segurança, o presidente está autorizado a fazer o que considerar necessário para proteger o país. Trata-se do poder de governar por decreto? Não está tão longe disso.

Sob a presidência de Barack Obama, alguns críticos objetaram que, devido a um Congresso paralisado, o poder Executivo escolheu operar como uma espécie de Palpatine, culpando igualmente as disputas do Legislativo como uma desculpa para o uso da autoridade imperial. As alterações climáticas, a reforma da imigração, o controle de armas, a política econômica — nestas e noutras áreas, o presidente Obama atuou onde o Congresso não atuaria. Em suas próprias palavras: "Eu quero atuar com o Congresso a fim de criar empregos e oportunidades para mais norte-americanos. Mas, quando o Congresso não atuar, eu atuarei."[11] E atuou.

Será isso uma insistência admirável em usar o Executivo para ajudar as pessoas? Ou é uma afirmação de autoridade imperial? Trabalhei na administração Obama por quase quatro anos e acredito com firmeza que seja o primeiro caso, mas algumas pessoas definitivamente discordam.

Nas primeiras décadas do século XXI, muitas disputas no Congresso têm ocorrido. O influente senador democrata Dick Durbin abraçou o unilateralismo do Executivo: "Eu acho que chegamos a um ponto em que o Congresso está apenas sendo teimoso. Seus membros estão apenas se opondo a tudo que [o presidente] sugere, e este tem que tomar decisões de acordo com os melhores interesses do país."[12] Estava o senador Durbin capitulando diante de um imperador?

Eu não penso assim, mas os filmes de Star Wars talvez não possam responder a essa pergunta. Sem dúvida, oferecem algumas verdades duradouras: a liberdade é boa, a opressão é ruim e os funcionários públicos não devem torturar ou estrangular as pessoas. Mas espero que você não precise de Star Wars para entender isso.

Star Wars toca em outro ponto, mais sutil, que envolve a natureza e o destino das rebeliões. Muitos rebeldes começam com elevados ideais; uma vez no poder, no entanto, seu idealismo desaparece e alguma outra coisa assume seu lugar. Pragmatismo? A busca pelo poder em si mesmo? O desejo de agarrá-lo?

REBELDES 143

A Revolução Francesa, que se tornou muito sangrenta, é um caso de destaque. Alguns dos heróis da Primavera Árabe não se revelaram amigos da democracia. Desse modo, Padmé questiona: "E se a democracia a que pensávamos estar servindo não existir mais e a República vier a se tornar o verdadeiro mal que temos lutado para destruir?"

Então, falemos sobre rebeliões.

REBELDES CONSERVADORES

O que Martin Luther King Jr. e Luke Skywalker têm em comum?

Ambos são rebeldes, e rebeldes do mesmo tipo: conservadores. Se disser que quer uma revolução, você poderá optar por segui-los, pelo menos a esse respeito. Rebeldes conservadores podem ser especialmente eficazes porque tocam o coração das pessoas. Eles as conectam ao seu passado e ao que elas mais apreciam.

Algumas pessoas, como Leia Organa, parecem ser rebeldes por natureza. Sempre que uma nação é dirigida por um sith, ou por outro tipo de vilão ou figura corrompida, tais pessoas podem pensar que a rebelião é uma ótima ideia. Podem muito bem estar dispostas a arriscar seu próprio futuro pela causa. Mas, em geral, até mesmo rebeldes não gostam de "reinícios do zero" — pelo menos não inteiramente. Isso é verdadeiro, quer estejamos falando de nossas vidas, quer de nossas sociedades.

É claro que algumas pessoas querem explodir tudo e recomeçar. Isso poderia refletir o seu temperamento ou o que é exigido por seus próprios compromissos morais. Mas os seres humanos costumam preferir continuar as narrativas existentes — e sugerir que o que está sendo escrito não é uma nova história, mas um novo capítulo, uma reforma, certamente, mas algo que também guarda continuidade com aquilo que veio antes, ou com o que

144 O MUNDO SEGUNDO STAR WARS

há de melhor naquilo, e talvez pressagiado ou preordenado por aquilo. Isso é verdadeiro para os autores de episódios de todos os tipos, não apenas um Lucas e um Skywalker.

Considere as palavras de Edmund Burke, o grande pensador conservador (o qual, reconhecidamente, não foi um rebelde), que temia os efeitos de "fantasias ou modas flutuantes", por meio das quais "todo encadeamento e continuidade da comunidade seria quebrada".[13] Para Burke, isso é uma tragédia, a traição de uma das mais profundas necessidades humanas, a rejeição de uma fonte indispensável de estabilidade social. Burke falou com forte emoção sobre o que aconteceria, caso essa ruptura ocorresse: "Nenhuma geração poderia ligar-se à outra. Os homens se tornariam pouco melhores do que as moscas de um verão."[14]

Pausem nessas frases. Burke insiste que as tradições fornecem um tecido de conexão ao longo do tempo. Esse tecido ajuda a dar sentido às nossas vidas, o que cria a coisa mais próxima da permanência que os seres humanos conseguem alcançar. Esse é um pensamento conservador, é claro, mas mesmo aqueles que não se identificam como conservadores gostam e até mesmo precisam de encadeamentos e continuidade. É parte do apelo do beisebol: conecta os pais aos seus filhos, e uma geração à outra. A mesma coisa pode ser dita sobre Star Wars e é parte do que torna a série duradoura. É um ritual.

Na série Star Wars, o que os rebeldes procuram é uma *restauração da República*. Nesse sentido, eles são os verdadeiros conservadores. Podem ser considerados burkianos — mas ainda assim rebeldes. Eles falam em nome de suas próprias tradições. Em contrapartida, o imperador Palpatine é o verdadeiro revolucionário, como também são os seguidores da Primeira Ordem. Luke, a Aliança Rebelde e a Resistência querem retornar ao passado (a uma versão idealizada dele). Eles olham para trás em busca de inspiração. De fato, isso é meio primal.

Martin Luther King Jr. foi um rebelde, sem dúvida um Skywalker, com um pouco de Han e mais do que um pouco de Obi-Wan. Ele buscou uma mudança fundamental, mas conhecia muito bem o poder do elo intergeracional. Ele alegou continuidade com as tradições, enquanto ajudou a produzir radicalmente novos capítulos.

Do discurso de King sobre o boicote aos ônibus de Montgomery:

> Se estamos errados, a Suprema Corte desta nação está errada. Se estamos errados, a Constituição dos Estados Unidos está errada. Se estamos errados, Deus Todo-poderoso está errado. Se estamos errados, Jesus de Nazaré foi apenas um sonhador utópico que nunca teve os pés no chão. Se estamos errados, a justiça é uma mentira. E o amor não tem significado.[15]

REVOLUÇÕES IMPREVISTAS, GRANDES E PEQUENAS

Na incrível romantização de *Uma nova esperança*, Biggs, um amigo de Luke, é um personagem bem importante. (Ele aparece brevemente no filme.) No início do romance, Biggs encontra Luke, que aspira a ser um rebelde. É verdade que ele não sabe exatamente o que fazer para se rebelar. Ele nem mesmo sabe onde estão as bases rebeldes, ou se elas existem, ou como contatá-las. Eis a passagem-chave:

> "Sei que é um risco", admitiu Biggs, relutante. "Se eu não entrar em contato com eles, então..." Uma luz peculiar surgiu nos olhos de Biggs, um misto de maturidade recém-encontrada com... algo mais. "Então farei o que puder, por conta própria."[16]

Biggs tem o coração de um rebelde. E, no mundo de Star Wars, ele dificilmente é o único. O general Tagge, que tem "certo gênio distorcido",[17] conhece o desafio do Império: "Alguns de vocês ainda não perceberam o quanto a Aliança Rebelde está bem equipada e organizada. Suas naves são excelentes, seus pilotos, ainda melhores. E eles são movidos por algo mais poderoso do que meros motores: um fanatismo perverso e reacionário. Eles são mais perigosos do que a maioria de vocês imagina."[18] A palavra-chave é *fanatismo*, que pode impelir as pessoas comuns a fazerem coisas extraordinárias.

Obi-Wan captou a sensibilidade revolucionária: "Lembre-se, Luke, o sofrimento de um homem é o sofrimento de todos. As distâncias são irrelevantes para a injustiça. Se não for parado logo, o mal termina se expandindo e envolvendo todos os homens, quer o tenham enfrentado, quer o tenham ignorado."[19] Rebeldes confiáveis vivem de acordo com essa crença. Eles concordam que a distância é de fato irrelevante para a injustiça — e assim escolhem combater o mal.

A ideia de que o mal acaba por engolfar a todos nós foi captada por um destacado crítico de Adolf Hitler, o pastor protestante Martin Niemöller, que passou sete anos em campos de concentração:

Primeiro eles vieram buscar os socialistas, e eu não ergui a voz, porque não era socialista.

Então eles vieram buscar os sindicalistas, e eu não ergui a voz, porque não era sindicalista.

Então eles vieram buscar os judeus, e eu não ergui a voz, porque não era judeu.

Então eles vieram me buscar, e não havia ninguém mais para falar por mim.[20]

Os líderes políticos são muitas vezes surpreendidos e ficam até mesmo atordoados com rebeliões. Há muito tempo, em uma galáxia realmente muito distante, o imperador Palpatine não

REBELDES 147

tinha ideia de que Luke resistiria às suas súplicas, que Darth Vader o atacaria e que os rebeldes se recusariam a submeter-se. Em 1770, os britânicos não previram a energia e a intensidade com que os norte-americanos pressionariam por sua revolução. Em 1990, pouquíssimas pessoas anteciparam que, em janeiro de 1992, a União Soviética deixaria de existir. Em 2009, o mundo dificilmente poderia prever que a Primavera Árabe viria apenas um ano mais tarde.

O último exemplo é especialmente revelador, por ser o mais recente e porque pegou todos de surpresa. Não obstante as extraordinárias habilidades de muitos governos modernos para reunir informações de inteligência, ninguém tinha pista alguma sobre o que estava por vir. Por exemplo, o Ministério das Relações Exteriores britânico admitiu a sua incapacidade de "prever que uma faísca na Tunísia, em dezembro de 2010, provocaria uma tal onda de protestos".[21] E acrescentou: "Tampouco qualquer outro ator internacional, analista acadêmico ou grupo de oposição dentro da região previu isso." Os Estados Unidos e o Canadá reconheceram que as suas unidades de inteligência igualmente ignoraram o movimento e a "maioria dos especialistas acadêmicos sobre o mundo árabe ficou tão surpresa quanto todo mundo com as convulsões".[22]

E por quê? Jeff Goodwin, da Universidade de Nova York, afirma que a surpresa foi essencialmente inevitável. Em suas palavras:

Sabemos que algo como uma "onda revolucionária" ocorreu na Tunísia a partir de dezembro [de 2010], na esteira de um evento aparentemente insignificante, a saber, a autoimolação de um vendedor de frutas provincial depois de seu negócio ser fechado pela polícia local. O exemplo da revolta da Tunísia, que culminou com a precipitada fuga do país do ditador Ben

148 O MUNDO SEGUNDO STAR WARS

Ali, ajudou a inflamar uma onda revolucionária no Egito, que logo se espalhou para a Líbia e outros países, onde a oposição aos regimes era generalizada e os limiares revolucionários relativamente baixos, embora este último fator, em particular, não pudesse ser conhecido com antecedência. O fato de que a revolução não se espalhou para a Argélia, a Arábia Saudita, a Jordânia, ou uma série de outros países árabes, indica que a distribuição dos limiares revolucionários naqueles países simplesmente não condizia com revoltas em massa, embora, mais uma vez, ninguém pudesse ter previsto com precisão para onde e quão longe a Primavera Árabe viajaria.[24]

Isso é um pouco complicado. Vamos por partes.

CEGUEIRA

Uma das razões para os imperadores Palpatines do mundo serem tão cegos é que eles muitas vezes estão isolados e cercados por tenentes aterrorizados que conversam sobre amenidades — garantindo que tudo está bem, que todos os amam (ou os temem) e que as coisas estão realmente acontecendo de acordo com o planejado. Outra razão é que, como a maioria dos seres humanos, os imperadores tendem a ser excessivamente confiantes e irrealisticamente otimistas, e, assim, suas crenças são afetadas pelas suas motivações.

Em geral, os seres humanos tendem a acreditar no que querem acreditar, e não acreditam no que não querem acreditar. ("Eu não gosto disso e não acredito nisso.") Imperadores querem acreditar que o povo está satisfeito em vez de irritado, ou que certa raiva se limita a alguns poucos, ou que uma rebelião baseada na raiva, se generalizada, pode ser interrompida pela mira de uma arma. Se os cidadãos estão insatisfeitos, o que é uma verdade inconveniente, os líderes podem muito bem ignorar. Você não precisa ser um sith para acreditar que toda rebelião está destinada ao fracasso.

O fato mais intrigante é que não somente líderes políticos deixam de antecipar uma rebelião bem-sucedida; em muitos casos, *quase todos cometem o mesmo erro*. Como pode ser?

Já tivemos um vislumbre de explicação: as dinâmicas sociais são responsáveis pela forma como as coisas são recebidas; é difícil, ou mesmo impossível, prever a natureza dessas dinâmicas. Uma causa ou uma ideia pode ser exatamente como uma música, um livro ou um filme. As pessoas podem seguir uma ideia, e até mesmo dar a vida por isso, por causa do que imaginam que outras pessoas vão achar. Uma tentativa de rebelião pode vir a ser como Sixto Rodriguez nos Estados Unidos ou como Sugar Man na África do Sul. Tudo depende do que cada um de nós pensa que o restante pensa.

Lembre-se deste diálogo em *Uma nova esperança*:

OBI-WAN KENOBI: [*para Luke*] Você deve aprender os caminhos da Força, se for me acompanhar a Alderaan.

LUKE SKYWALKER: Alderaan? Não estou indo para Alderaan, eu tenho de voltar pra *casa*, é tarde. E, do jeito que está, não conte comigo!

OBI-WAN KENOBI: Preciso de sua ajuda, Luke. Ela precisa de sua ajuda. Estou ficando velho demais para esse tipo de coisa.

LUKE SKYWALKER: Olha, eu não posso me envolver. Tenho trabalho a fazer. Não que eu goste do Império; eu o odeio, mas não há nada que eu possa fazer quanto a isso agora. [...] Há todo um longo caminho pela frente.

OBI-WAN KENOBI: Parece o seu tio falando.

Como muitos rebeldes em potencial, Luke enfatiza três pontos: 1) Ele tem trabalho a fazer. 2) Não há nada que ele possa fazer em relação ao Império. 3) Qualquer ação relevante está realmente muito distante. Note também que a resistência de Luke é muito fraca. Ele não gosta muito do seu trabalho, e, na realidade, se entusiasma um pouco para ir a um lugar bem distante de casa. Um bom trecho da versão romanceada de *Uma nova esperança:* "Biggs está certo. Nunca vou sair daqui. Enquanto ele está lá, planejando a rebelião contra o Império, eu estou aqui, preso numa droga de fazenda."[25] Uma questão é se de fato há alguma coisa que Luke possa fazer em relação ao Império. Um sentimento de desesperança certamente pode esmorecer o envolvimento. Mas se os Lukes do mundo estiverem seguros de que outras pessoas estão envolvidas em uma rebelião, sua resistência pode se dissipar. Muito pode depender de que potenciais rebeldes vejam o equivalente a um grande número de pré-inscrições.

CASCATAS DE REBELIÃO

A cientista política Susanne Lohmann, da Universidade da Califórnia, em Los Angeles, observa graves atividades de protesto como cascatas de informação com apenas três passos:

1. As pessoas realizam ações políticas dispendiosas para expressar a sua insatisfação com o regime estabelecido.
2. O público recolhe pistas informativas das alterações no tamanho do movimento de protesto ao longo do tempo.
3. O regime perde o apoio do público e entra em colapso se as atividades de protesto o revelarem maligno.[26]

Essa não é a pior descrição imaginável de como e por que o Império caiu na trilogia original. (Claro que também não é a melhor descrição imaginável, mas peço um pouco de paciência comigo.)

Seguindo o modelo de Lohmann, as sociedades podem ser divididas em diferentes grupos, com diferentes limiares para agir. Algumas pessoas simplesmente vão se rebelar, aconteça o que acontecer. Elas odeiam o *status quo*, são valentes e estão perfeitamente dispostas a mudar as coisas, mesmo se ninguém mais estiver. Vamos chamá-las de princesas Leias. Biggs, o amigo de Luke, pertence também a esse grupo: "Luke, eu não vou esperar ser convocado para servir ao Império. Apesar do que você deve ouvir nos canais oficiais de informação, a rebelião está crescendo, se ampliando. E eu quero estar do lado certo — o lado em que acredito."[27]

Outras pessoas não gostam do *status quo*, mas vão se rebelar somente se atingirem certo nível de descontentamento e raiva. Vamos chamá-las de Lukes. ("Eu quero acompanhá-lo a Alderaan.") Outras não gostam do *status quo*, mas vão se rebelar apenas se tiverem a sensação de que a rebelião vai realmente ter sucesso. Elas podem fingir que não ligam, ou que seus interesses são puramente comerciais, mas, no fundo de seus corações, simpatizam com a rebelião. Vamos chamá-las de Hans. Outras, ainda, são apáticas e a decisão de se rebelar ou, em vez disso, apoiar o regime depende do lado para onde os ventos estão soprando. Vamos chamá-las de Naboo. Um último grupo apoia o regime e seguirá dessa forma mesmo que os protestos aumentem. Vamos chamá-las de Siths.

Por causa disso, o sucesso de uma rebelião depende muito das dinâmicas sociais e da força do sinal emitido pelos rebeldes. Se as princesas Leias parecerem suficientemente numerosas, e se o Império parecer ruim, os Lukes e Hans vão se juntar aos rebeldes e, se houver um número considerável de Lukes e Hans, os

Naboo seguirão na direção deles. É claro que os Siths vão aderir ao regime — eles poderiam até mesmo *ser* o regime —, mas, uma vez isolados, serão obrigados a deixar o poder.

O QUE AS PESSOAS REALMENTE PENSAM?

Em uma sociedade verdadeiramente repressora — aquela contra a qual a rebelião mais se justifica —, será muito difícil saber a magnitude do descontentamento, porque as pessoas *não vão dizer o que realmente pensam*. Como Luke, elas podem odiar seus líderes e aguardar uma mudança, mas terão bastante consciência de que, se falarem, vão estar em perigo. Vão falsificar tanto as suas preferências como as suas crenças. Ninguém saberá qual é de fato a opinião pública; há uma maioria silenciosa.

Essa é uma razão, a propósito, para que as pesquisas de opinião não sejam confiáveis em países autoritários. As pessoas podem muito bem dizer que estão satisfeitas com seu governo, mesmo quando estiverem profundamente infelizes com ele.

Um pouco de história: no fim da década de 1980, fui convidado para dar um breve curso sobre o direito norte-americano em Pequim. (Não discutimos Star Wars, pelo que me recordo. Lembre-se de que até 2015 não houve exibição de Star Wars na China.) Como trabalho final, pedi aos meus trinta alunos para escreverem um pequeno artigo. Sua tarefa era explorar o que os Estados Unidos poderiam aprender com o sistema legal chinês ou o que a China poderia aprender com o sistema legal norte-americano. Eles estavam livres para escolher um ou outro. Esperei ansiosamente para ver o que me apresentariam.

Para minha surpresa, quase todos na classe se recusaram a fazer o trabalho! Constrangido, um deles explicou: "Nosso receio é que os trabalhos caiam em mãos erradas." Com isso, pretendiam sugerir que teriam problemas com o seu governo. É claro que eram leais a seu país. Confidencialmente, estavam dispostos a levantar algumas questões sobre o que seu governo estava fazendo (bem como sobre o que os Estados Unidos estavam fazendo). Mas, por medo de algum tipo de punição, não queriam a colocar essas questões no papel.

Eis a conclusão, elaborada longamente pelo economista Timur Kuran em seu esplêndido livro de 1997, *Private Truths, Public Lies* [Verdades privadas, mentiras públicas]: se as pessoas falsificarem suas preferências e crenças, será difícil, ou talvez impossível, prever as rebeliões. As pessoas podem estar satisfeitas com o seu governo; podem não gostar dele, pelo menos um pouco; ou podem odiá-lo. Por não dizerem o que pensam, os cidadãos estão em uma situação de *ignorância pluralística*: eles não fazem ideia das crenças dos seus concidadãos. Mas se algumas pessoas (as Leias) começarem a expressar insatisfação e demonstrar vontade de rebelar-se, então outras (os Lukes) pensarão que uma rebelião poderia ter sucesso, porque muitas pessoas podem estar dispostas a participar. Se assim for, o mundo poderá virar de cabeça para baixo.

A imprevisibilidade das rebeliões tem muito a ver com as dinâmicas sociais ligadas a efeitos cascata, mas também deriva de não sabermos o que as pessoas realmente pensam sobre o *status quo*.[28]

POLARIZAÇÃO DE GRUPO

Nós não discutimos suficientemente a dinâmica *interna* da rebelião. O que faz as pessoas se agitarem o suficiente para se rebelar?

Uma possibilidade é que elas sejam verdadeiramente infelizes ou desgraçadas, talvez por causa do que seus líderes fazem, tal-

154 O MUNDO SEGUNDO STAR WARS

vez pelo que eles não conseguem fazer. Como Leia e Biggs, elas têm um agudo senso de queixa ou injustiça. (Isso foi certamente verdadeiro na Revolução Americana, na Revolução Francesa também, no ataque ao apartheid na África do Sul e na Primavera Árabe.) Talvez alguns impérios sejam responsáveis pelas mortes de seus "tios" e "tias".

Não há dúvida de que a infelicidade geral (dificuldades econômicas ou um sentimento de humilhação, explorados por líderes rebeldes) pode provocar uma rebelião. É igualmente claro que as pessoas podem radicalizar diante de certos eventos precipitadores — especialmente quando a tirania bate à porta. Mencionei a "heurística da disponibilidade", o que significa que as pessoas avaliam as probabilidades perguntando se um evento relevante vem com facilidade à mente. Se um crime ocorreu recentemente em seu bairro ou se alguém da sua família teve câncer, você pode ter uma ideia exagerada do risco de ser vítima de um crime ou de desenvolver um câncer. Muitas vezes as rebeliões são estimuladas porque um evento específico se torna facilmente acessível a muitas mentes: a morte de um civil inocente, a condenação à prisão de um dissidente, o abuso de poder por parte das autoridades fiscais. Uma boa razão para as rebeliões decolarem é o fenômeno da *polarização de grupo*[29] — que ajuda a explicar não só a ascensão de repúblicas, e o retorno dos jedi, mas também a criação de impérios, em primeiro lugar, e a vingança dos sith.

A polarização de grupo ocorre quando pessoas com as mesmas ideias, conversando umas com as outras, acabam concebendo uma versão mais extrema do que tinham antes de começarem a conversar. Suponha que amigos do Facebook estão discutindo se o presidente Obama é ótimo ou péssimo, ou se a mudança climática é um problema grave, ou se J. J. Abrams fez um trabalho excepcional ou estragou tudo. Se a maioria deles começar com o pensamento de que Obama é ótimo, a mudança climática é um problema grave e Abrams estragou tudo, então a consequência das conversas será torná-los mais unidos e mais confiantes, sustentando seus pontos de vista originais com mais intensidade.

Muitas pesquisas em ciências sociais, em diversos países do mundo, têm mostrado que esse é um padrão consistente. Se você colocar um bando de rebeldes em uma sala e pedir que eles discutam a rebelião, eles vão ficar mais extremados. A Revolução Americana foi estimulada dessa forma, como também a revolução reaganiana e a eleição de Obama em 2008. E se algum grupo — seja jedi ou sith — se fizer a importante pergunta *Por que eles nos odeiam?*, a resposta provavelmente tem tudo a ver com a polarização de grupo.

Donde se segue que, por exemplo, um grupo de pessoas que tende a aprovar um esforço de guerra em curso se tornará, como resultado da discussão, ainda mais entusiasmado com tal esforço; que os que ficaram decepcionados com *O despertar da Força* vão acabar ainda mais decepcionados se continuarem falando sobre isso; que aqueles que pensam que o controle de armas é muito necessário, e que os Estados Unidos devem aumentá-lo bastante, vão se tornar ainda mais comprometidos se falarem uns com os outros; que as pessoas que desaprovam os Estados Unidos e que suspeitam de suas intenções vão aumentar a sua desaprovação e desconfiança se trocarem pontos de vista. Na verdade, há evidências específicas deste fenômeno entre os cidadãos da França: se as pessoas em Paris se reúnem, e se não estão de todo felizes com os Estados Unidos, suas discussões podem muito bem torná-las intensamente antiamericanas.

A propósito, a ascensão do terrorismo tem muito a ver com o a polaridade de grupo. Os terroristas não são, em geral, pobres, de pouca instrução ou mentalmente doentes. É tentador, mas equivocado, dizer que, se eliminássemos a pobreza e promovêssemos a alfabetização, eliminaríamos de quebra o terrorismo.

156   O MUNDO SEGUNDO STAR WARS

Muitos terroristas não são pobres e receberam bastante instrução. (Ao contrário daquela leitura perversa da trilogia original, Luke não era um terrorista, mas tipos como Luke — jovens, inteligentes, agressivos, que andam em grupo — realmente são vítimas desse Lado Sombrio em particular.) O terrorismo surge como resultado de redes sociais e, em particular, câmaras de eco, em que as pessoas falam e, principalmente, escutam principalmente umas às outras. Teorias conspiratórias também tendem a surgir dessa forma. Mas as rebeliões do Lado Luminoso também são estimuladas pela polarização de grupo.

POR QUE OS GRUPOS SE POLARIZAM

O que explica que as pessoas se movam em direção ao extremismo? Há duas grandes respostas.

A primeira resposta baseia-se na *troca de informações*. As pessoas respondem à informação detida por outros e os argumentos que eles sustentam, e o "conjunto de informações", em qualquer grupo com alguma tendência inicial para certa direção, será inevitavelmente distorcido por essa tendência. Um grupo cujos membros tendem a pensar que o Império é tirânico, ou que os Estados Unidos estão empenhados em uma campanha geral contra o Islã e procuram matar e humilhar os muçulmanos, ouvirá muitos argumentos nesse sentido. Ouvirá poucos argumentos contrários, resultado simplesmente da distribuição inicial de posições dentro do grupo.

Se as pessoas estão ouvindo, elas vão ter uma convicção mais forte na mesma direção de onde começaram, simplesmente como resultado da discussão. O fenômeno é geral. Um grupo cujos membros tendem a pensar que as prequelas de Star Wars foram péssimas vai ouvir um grande número de argumentos contra as

REBELDES 157

prequelas (ah, Jar Jar Binks!) e um menor número de argumentos em seu favor (basta olhar para a forma como aquelas naves atacam e desviam!). Há sustentação empírica considerável para a visão de que o conjunto de informações tem esse tipo de efeito sobre as opiniões individuais. (Na verdade, acho que as pessoas subestimam as prequelas exatamente por essa razão.)

A segunda resposta tem a ver com *influências sociais*. A ideia central aqui é que as pessoas, em sua maioria, se preocupam com o que os outros pensam delas e, assim que tomam conhecimento das crenças dos outros, tendem a mudar suas posições em conformidade. Suponha que você se encontra em um grupo de pessoas que pensam que Star Trek é muito melhor do que Star Wars, ou que os Estados Unidos enfrentam ameaças terroristas intensas e iminentes, ou que a mudança climática não é nem de longe um problema tão grande como alguns parecem pensar. Assim que toma conhecimento dos pontos de vista de outras pessoas, você pode mudar seu posicionamento, pelo menos um pouco. Nesse grupo em particular, você pode não querer parecer estúpido ou imoral.

Deve estar claro como influências sociais podem ajudar a fomentar uma rebelião. Se os rebeldes estão falando principalmente entre si, os membros do grupo não vão querer parecer conciliadores ou enganados por um império. Os movimentos de direitos civis emergem e ganham energia exatamente dessa forma. Na década de 1970, o movimento feminista foi estimulado por influências sociais. No início do século XXI, o sucesso inesperado de esforços para promover os direitos LGBT teve tudo a ver com a polarização de grupo. Quando a Suprema Corte exigiu, em 2015, que os estados reconhecessem o casamento entre pessoas do mesmo sexo, estava efetivamente ratificando um emergente consenso social que a polarização de grupo tornara possível.

Há um aspecto final. Muitas pessoas, na maior parte do tempo, não confiam completamente em seus pontos de vista. Como resultado, elas oferecem uma versão moderada do que estão inclinadas a pensar, por medo de parecerem imprudentes ou estúpidas, ou de serem marginalizadas ou isoladas. Muitas outras têm mais confiança do que estão dispostas a revelar, por medo de se mostrarem tolas; essas pessoas moderam suas opiniões em público. Em ambos os casos, a dinâmica de grupo pode empurrar as pessoas para uma posição mais extrema. Assim que veem seus pontos de vista corroborados por outros, elas se tornam mais confiantes e, portanto, menos moderadas. Essa é uma forma pela qual os rebeldes são criados. Na sua juventude, Luke Skywalker foi um caso desses.

UM OLHAR PARA BAIXO

As cascatas de reputação desempenham um grande papel em rebeliões. Algumas pessoas se unem a rebeliões porque os seus amigos e vizinhos querem que participem, não porque realmente se preocupam com elas. (Han fingia ser um exemplo.) Alguns se abstêm de rebelar-se porque não querem colocar em risco sua reputação ou sua vida; mas eles se envolvem em rebeliões exatamente pela mesma razão. E, claro, os efeitos de rede podem desempenhar um grande papel na condução das pessoas a lutar contra impérios de todos os tipos. Assim que o número de rebeldes aumenta, a participação pode se tornar muito mais enérgica; pode até parecer o melhor clube na história do mundo.

Significativamente, as preferências políticas de muitas pessoas são fracamente sustentadas. Elas não estão certas sobre as suas crenças. Podem pensar que está tudo bem com o atual regime, ou mesmo que o sistema é muito bom, mas se elas tomam conhecimento de alguns fatos ou ouvem algumas histórias podem ser persuadidas de que, na verdade, ele é muito ruim. Suas preferências podem até resultar do fato de o atual sistema político parecer inevitável; não há nada a ser feito quanto a ele.

Para muitas pessoas, não é muito divertido pensar que os próprios líderes são corruptos ou tiranos, ou mesmo apenas desleais ou incompetentes. Mesmo que não haja um Darth Vader por perto para sufocá-lo, você poderia pensar que a vida é simplesmente mais fácil de se viver como se as coisas estivessem bem ou pelo menos bem o suficiente. Por essa razão, as pessoas muitas vezes se motivam a pensar que o *status quo* é aceitável ou melhor.

Descrevendo a natureza hierárquica da América pré-revolucionária, o grande historiador Gordon Wood argumenta que aqueles que "em posições submissas [...] desenvolveram o que foi chamado de um 'olhar para baixo'".[30] Eles "sabiam o seu lugar e de bom grado caminhavam enquanto os nobres montavam; e ainda raramente manifestavam qualquer desejo ardente de trocar de lugar com os seus superiores". Na explicação de Wood, é impossível "compreender a peculiaridade desse mundo pré-moderno sem estimarmos *a medida em que muitas pessoas comuns ainda aceitam a sua própria posição submissa*".

O ponto pacífico aqui é que, à medida que uma rebelião ganha impulso, torna-se menos provável que as pessoas aceitem a própria posição submissa. Aquele "olhar para baixo" deixa de ser uma parte da vida. Em vez disso, torna-se um símbolo de opressão. Uma palavra para imperadores de todos os tipos: cuidado.

BORBOLETAS POR TODA PARTE

O grande escritor de ficção científica Ray Bradbury produziu uma famosa história sobre o que veio a ser conhecido como "efeito borboleta": se uma borboleta tivesse sido morta em um determi-

160   O MUNDO SEGUNDO STAR WARS

nado ponto no tempo, poderiam as coisas ter-se desdobrado de formas fundamentalmente diferentes? Poderiam os dinossauros ter sobrevivido? Para visualizar melhor essa história, suponha que a mãe e o pai de Hitler, ou de Ronald Reagan, ou de Barack Obama, não tivessem se encontrado, ou estivessem particularmente cansados naquela que veio a ser a noite da concepção. Com uma pequena mudança, com certeza um dos pais poderia muito bem ter sido desviado do encontro. Sem Hitler, sem Reagan, sem Obama. E, se colocarmos a concepção de lado, podemos facilmente encontrar um grande número de ocorrências casuais, que quase deixaram de acontecer, necessárias para cada um dos três.

Como as cadeias causais são bastante complexas, e tantos eventos são condições necessárias para outros, a ideia de um efeito borboleta não é nada disparatada. Se o cão de alguém tivesse ficado doente em uma ocasião importante, ou se alguém tivesse ficado em casa em vez de sair, ou enviado um e-mail em determinado momento, talvez tudo tivesse sido diferente. Borboletas que mudam o mundo estão por toda parte; elas definem nossas vidas.

Considere o caso de George Lucas, que queria muito ir para a escola de arte, mas foi fortemente desencorajado a fazê-lo por seu pai. Ele tinha planejado ir para a Universidade Estadual de San Francisco para se formar em antropologia. Mas John Plummer, um amigo de infância que estava frequentando a Universidade do Sul da Califórnia, sugeriu que ele se candidatasse à nova escola de cinema de lá, enfatizando, "eles têm uma escola de fotografia [...] você vai adorar. É mais fácil do que educação física".[31] Convenceu Lucas a fazer o teste de admissão e ele ingressou. Para Lucas, aquilo mudou tudo. Como ele reconhece, "eu cheguei lá por um golpe de sorte".[32] E, ao chegar, ficou surpreso ao descobrir que "era uma escola de cinema. E eu disse: 'O quê? Quer dizer que você pode ir para a faculdade para aprender a fazer filmes? Isso é uma loucura!'"[33]

REBELDES 161

Sem John Plummer e aquela específica conversa, nada de Star Wars.

Em um influente ensaio de 1972, Edward Lorenz, meteorologista, apresentou um argumento sistemático a favor do efeito borboleta. Seu ensaio foi chamado de "Previsibilidade: o bater das asas de uma borboleta pode iniciar um tornado no Texas?" A tese de Lorenz foi fundamentada na sua observação de que com uma variação aparentemente trivial, em uma simulação de computador, dos padrões do clima, a previsão de longo prazo poderia ser maciçamente alterada. Em princípio, o bater das asas de uma borboleta no México poderia produzir uma grande mudança nos padrões climáticos no Texas.

A lição maior é que, em razão de as ordens naturais e sociais serem sistemas interativos e os efeitos de alterações aparentemente pequenas poderem ser enormes, previsões precisas podem ser difíceis ou mesmo impossíveis. Nas palavras de Philip Tetlock, especialista em previsões, uma mulher no Kansas pode se surpreender ao descobrir que "as ações de um obscuro tunisiano geraram protestos, que ocasionaram motins, que provocaram uma guerra civil, que levaram à intervenção da OTAN em 2012, que, por fim, fizeram seu marido se desviar, ao sobrevoar Trípoli, dos tiros de uma bateria antiaérea".[34]

Algo um pouco semelhante certamente define o arco narrativo de Star Wars. Em *Uma nova esperança,* Han Solo opta por abandonar a vulnerável rebelião e seguir por conta própria. Ele é "Solo", afinal; não faz parte de uma equipe. A princesa Leia odeia isso. Ela gostaria que fosse de outra forma, mas, como observa, "Ele tem de seguir o seu próprio caminho. Ninguém pode escolher por ele". (Mais uma vez, o constante tema de Star Wars.) É claro que ele escolhe voltar no momento crucial, salvando Luke de seu pai, que está prestes a matá-lo. Então, ele não é tão "Solo", no fim das contas. Se Han não tivesse feito essa escolha particular, Luke e a rebelião teriam terminado mal.

Falando de Han Solo, Harrison Ford era mais carpinteiro que ator até a madura idade de 35 anos. Quando Lucas estava realizando as audições para Star Wars, por acaso observou Ford fazendo um trabalho de carpintaria no estúdio. Ele estava lá porque Fred Roos, um diretor de elenco, contratou-o para trabalhar em uma nova porta para um cenário. Lucas conhecia Ford; ele teve uma pequena participação em seu filme anterior, *American Graffiti*. Mas Lucas tinha jurado não usar qualquer um dos atores daquele filme na sua "coisinha espacial".[35] No entanto, por acaso, ele viu o carpinteiro-ator no estúdio naquele momento e decidiu dar-lhe uma chance como Han Solo.

É impossível imaginar *Uma nova esperança* sem Ford como Solo, mas isso quase aconteceu. Nas palavras de Roos: "Harrison tinha feito um bocado de trabalhos de carpintaria para mim; ele precisava de dinheiro, ele tinha filhos, mas ainda não era uma grande estrela do cinema. Acontece que no dia em que estava bancando o carpinteiro, George passou por lá. Isso foi acidental."[36]

UMA OLHADA BEM RÁPIDA NAS CAMPANHAS POLÍTICAS

Para muitas pessoas, *Ataque dos clones* é o menos bem-sucedido, e o pior mesmo, dos filmes da saga Star Wars. (Mas eu gosto! Você consegue ver de outra forma? Dê pelo menos uma conferida na surpreendente cena de abertura.) No entanto, o seu letreiro inicial diz algo muito inteligente sobre a política e as campanhas políticas:

Há inquietação no Senado Galáctico. Vários milhares de sistemas solares manifestaram suas intenções de deixar a República. Esse movimento separatista, sob a liderança do misterioso conde Dookan, tornou difícil, para o limitado número de cavaleiros jedi, manter a paz e a ordem na galáxia. A senadora Amidala, ex-rainha de Naboo, está retornando ao Senado Galáctico para votar a delicada questão da criação de um EXÉRCITO DA REPÚBLICA para ajudar os sobrecarregados jedi...

Eis uma maneira de entender o que o letreiro está descrevendo. A galáxia está no meio de uma cascata, na qual os sistemas solares não estão agindo de forma independente, mas seguindo uns aos outros. Logo que alguns deixam a República, outros os seguem, e mais outros; a cascata vai crescendo e a pressão pelo separatismo aumenta. O conde Dookan tem plena consciência desse fato e está tentando explorá-lo. Os jedi estão sobrecarregados pelo aumento da instabilidade, o que gera maior agitação. A senadora Amidala espera não apenas criar um EXÉRCITO DA REPÚBLICA, mas também fazer algo para frear o crescimento da cascata.

No domínio eleitoral, efeitos cascata são cruciais, criando ou derrubando candidatos em curtos períodos. Em 2008, Barack Obama foi claramente beneficiado por cascatas de informação e de reputação. Como no caso de *Uma nova esperança*, sua popularidade gerou mais popularidade, e sua comprovada capacidade para arrecadar dinheiro tornou mais fácil atrair outros doadores. Em 2015, o republicano Scott Walker (lembram-se dele?) foi vítima de uma cascata negativa. Logo no início, Walker foi considerado um dos favoritos para a nomeação republicana e muitas pessoas inteligentes pensavam que ele seria o próximo presidente. Mas, assim que começaram a dizer que ele era um perdedor, essa ideia começou a se espalhar, e tudo se tornou um bola de neve a partir daí. Candidatos a um emprego podem se ver sem ofertas

164   O MUNDO SEGUNDO STAR WARS

só porque foram rejeitados antes; igualmente, assim que as pessoas viram que as outras não estavam doando muito dinheiro a Walker, tornou-se ainda mais difícil para ele levantar fundos. Sua campanha desmoronou por esse motivo. (Incontáveis candidatos promissores tiveram experiências semelhantes e incontáveis outros as terão no futuro.)

Claramente, os sucessos de Obama e os fracassos de Walker não são apenas produtos de efeitos cascata. Obama era um candidato extremamente forte. Walker era surpreendentemente fraco. Mas é impossível compreender o impressionante sucesso de Obama e o colapso de Walker sem referência aos mesmos tipos de efeitos cascata dos quais rebeliões de sucesso, e Star Wars, propriamente, se beneficiaram. Para políticos vitoriosos, a polarização de um grupo também é importante. Um verdadeiro truque é reunir apoiadores em muitas salas, mesmo que essas salas sejam apenas virtuais. As pessoas agitam umas às outras até níveis mais elevados de entusiasmo, abrindo mão de seu dinheiro e de seu tempo.

A propósito, uma avaliação desses efeitos também ajuda a mostrar por que pesquisas nacionais são muito menos importantes do que muitos especialistas pensam. As eleições primárias iniciais criam cascatas, não importando muito se um determinado candidato está à frente naquelas pesquisas por cinco, dez ou quinze pontos, exceto na medida em que essas diferenças ajudam a criar efeitos cascata iniciais. Nos Estados Unidos, os candidatos fariam bem se pensassem assim: Estou concorrendo para ser presidente de Iowa (e, em seguida, de New Hampshire).

Quando as campanhas começam, como quando filmes e livros são lançados, é especialmente interessante ver os efeitos cascata, negativos ou positivos, começarem a acelerar. Pela sua própria natureza, essas acelerações não podem ser previstas antecipadamente. Mas, uma vez em curso, são inconfundíveis. Em um determinado estágio, o que parecia completamente improvável ou, na melhor das hipóteses, especulativo se torna quase certo, já que tanto doadores como eleitores se decidem por um ou outro candidato em grande número.

Depois que migram, muitos observadores insistem em dizer que o resultado foi um produto inevitável da biografia, das virtudes e das ideias dos candidatos bem-sucedidos ou que seu sucesso teve alguma conexão profunda com a cultura ou o zeitgeist. Mas, como em filmes blockbusters, a impressão de inevitabilidade será uma ilusão. Com toda certeza, os candidatos enfim indicados terão ganhado em sua maioria a capacidade de fazer o que George Lucas e a Princesa Leia fizeram: gerir e desencadear cascatas favoráveis.

O RANKING OBJETIVO E ABALIZADO
DOS FILMES DE STAR WARS

Bem, já tivemos o suficiente sobre política. Será, então, que as influências sociais ajudam a explicar as avaliações dos filmes de Star Wars?

Não há dúvida de que com esses filmes, tal como acontece com tanta arte e entretenimento, os críticos e as pessoas comuns tendem a polarizar-se em uma ou outra direção. Vemos tanto cascatas "para cima", como cascatas "para baixo". Quando *O despertar da Força* estreou, houve uma sensação imediata de que Abrams havia feito algo incrível e espetacular. Essa sensação foi fortalecida pelo fato de que os primeiros entusiastas falavam principalmente uns com os outros. Talvez Abrams houvesse feito o melhor Star Wars de todos os tempos! Ou pelo menos o segundo melhor, depois de *O Império contra-ataca*?

Depois de um tempo, ocorreu a reação previsível: algumas pessoas inteligentes e alguns estraga-prazeres destacaram que *O despertar da Força* tomava muito emprestado de *Uma nova esperança* e *O retorno de jedi*, e que parecia carecer de originalidade e ousadia, e também do gênio característico de Lucas e sua peculiar vontade de assumir riscos. (O próprio Lucas adicionou combustível ao fogo, apontando a falta de originalidade do filme.) Então, houve um processo de polarização de grupo contra *O despertar da Força* — e, em alguns círculos, na direção de reavaliar as prequelas, avaliando-as agora de forma muito mais favorável.

A minha opinião é que, com relação a *O despertar da Força*, Abrams se saiu muito bem. O filme se move rapidamente e é muito divertido. Rey, em particular, é fabulosa. Não há nada de ruim ou embaraçoso no filme, que ainda oferece alguns fantásticos novos mistérios. De forma improvável, consegue misturar o antigo e o novo. Isso exige uma imensa habilidade. Sem dúvida, é praticamente um remake. Não tem problema; um relançamento pode ser um remake. Não tem nada da originalidade de Lucas, mas ainda assim é extremamente bacana.

Vamos terminar essa discussão sobre rebeliões e influências sociais com um ranking objetivo e abalizado dos filmes, totalmente intocado por quaisquer influências:

1. *O Império contra-ataca* (nota: A+)
2. *Uma nova esperança* (nota: A+)
3. *O retorno de jedi* (nota: A)
4. *A vingança dos sith* (nota: A-)
5. *O despertar da Força* (nota: A-)
6. *Ataque dos clones* (nota: B-)
7. *A ameaça fantasma* (nota: C+)

Obviamente, é possível levantar questões. *O Império contra-ataca* e *Uma nova esperança* sem dúvida pertencem ao topo, mas *Uma nova esperança* foi o primeiro, o mais original e colocou tudo em movimento. Também introduz todos aqueles mistérios. Talvez pertença ao topo? É justo perguntar, mas *O Império contra-ataca* aprofunda tudo, e "Eu sou seu pai" pode ser encontrado lá. Quase todas as cenas crepitam. Além disso, tem Han Solo respondendo "Eu sei" depois de Leia dizer "Eu te amo", e o filme ainda apresenta aquelas incríveis coisas desengonçadas de quatro patas, "os veículos terrestres mais fortemente blindados no Exército Imperial" (nome técnico: Transporte Blindado Para Todo Terreno).

Entre *O retorno de jedi*, *O despertar da Força* e *A vingança dos sith*, a disputa é apertada. *O despertar da Força* é o mais ajustado e o menos imperfeito do grupo, por isso não seria totalmente insano classificá-lo à altura da terceira posição — seria errado, mas não insano. *A vingança dos sith* tem alguns momentos surpreendentes. Como vimos, a inversão de *O retorno de jedi* é engenhosa e ele poderia ser o mais impressionante de todos em termos de efeitos visuais. A virada de Anakin para o Lado Sombrio é intensa; a batalha final entre Obi-Wan e Anakin é ótima. Entre *O despertar da Força* e *A vingança dos sith*, temos um quase empate — o último vence apenas por um detalhe. *O retorno de jedi* poderia ter sido mais curto (enche muita linguiça) e por isso as pessoas podem ser perdoadas por perguntarem se *O despertar da Força* e *A vingança dos sith* poderiam ser melhores. Mas, no fim, a resposta é clara. No seu melhor, *O retorno de jedi* voa — e a cena da redenção é um triunfo.

Não discuta.

Episódio VIII

EPISÓDIOS CONSTITUCIONAIS

Liberdade de opinião e expressão, igualdade de gênero e casamentos entre pessoas do mesmo sexo como episódios

A natureza da injustiça é que nem sempre podemos vê-la nos nossos dias; as gerações que escreveram e ratificaram a Declaração de Direitos e a Décima Quarta Emenda não presumiram que conheciam a extensão da liberdade em todas as suas dimensões e assim confiaram às gerações futuras uma carta para proteger o direito de todas as pessoas de desfrutar da liberdade enquanto aprendemos o seu significado... A Corte, como muitas instituições, assume pressupostos definidos pelo mundo e pelo tempo do qual ele é uma parte.

JUIZ ANTHONY KENNEDY

Star Wars oferece uma variedade de lições sobre pais e filhos, liberdade de escolha, a possibilidade de redenção e até mesmo rebeliões. Mas não tem tanto a dizer sobre constituições, pelo menos não diretamente. Com certeza, é a favor da separação de poderes (impérios são ruins, repúblicas, boas, na sua maioria) e opõe-se a disputas legislativas. Parece ser a favor dos direitos humanos: torturadores não se saem bem e é ruim matar pessoas inocentes.

Mas, se você está procurando aprender sobre o direito constitucional, Star Wars provavelmente não é a sua melhor aposta. Vá ver *Hamilton* na Broadway. Ou, melhor ainda, leia o clássico de Gordon Wood, *The Creation of the American Republic, 1776-1787*.

No entanto, a compreensão da saga Star Wars nos diz um bocado sobre o direito constitucional — não em termos de conteúdo, mas em termos de como ele é criado, e os tipos de liberdade e limitações que os juízes têm. Em suma: direito constitucional está cheio de momentos "Eu sou seu pai" — voltas e reviravoltas, reversões, escolhas inesperadas, sementes e caroços que lançam narrativas inteiramente novas. Juízes são autores de episódios, enfrentando um contexto que eles não têm poder para mudar. Mas ainda assim são capazes de ter muita criatividade.

A qualquer momento, os direitos que os norte-americanos podem ter serão diferentes dos direitos que tinham algumas décadas antes. Na década de 1940, o governo podia regular as opiniões que considerava perigosas. Quem teria pensado que, em 1970, a Constituição seria interpretada como responsável por um forte princípio da liberdade de opinião e expressão, permitindo aos dissidentes dizerem o que quisessem? No fim dos anos 1950, a discriminação sexual era parte do tecido da vida norte-americana, e a Constituição não a impedia. Quem teria pensado que, em 1980, a Constituição seria interpretada como proibidora da discriminação sexual? Em 2000, era algo extremado, e mesmo radical, dizer que a Constituição protegia o direito ao casamento entre pessoas do mesmo sexo. Em 2015, a maioria na Suprema Corte decidiu que a Constituição faz exatamente isso.

EPISÓDIOS CONSTITUCIONAIS

Mas em cada um desses casos a Suprema Corte partiu de uma narrativa existente. Ela não começou uma. Não podia! Não lhe é permitido fazer isso. Nós estamos falando aqui de episódios XX, XXX e XL, e não de uma história completamente nova. No mínimo, podemos dizer que a história constitucional não foi planejada com antecedência e que os autores dos episódios iniciais possivelmente não poderiam ter previsto o que estava por vir. Alguém ou algumas pessoas tiveram que fazer uma escolha.

Como Lucas e Abrams, os juízes mais vigorosos são criadores e fazem escolhas de acordo com o panorama de episódios anteriores, algo também conhecido como precedente. Eles têm de descobrir como continuar a saga. Uma breve advertência: para explicar essa conclusão, vou examinar alguns detalhes aqui, sobretudo porque o direito constitucional é meu trabalho diário.

Mas há outra razão. Com a inesperada morte do juiz Antonin Scalia em fevereiro de 2016, os Estados Unidos estão no meio de um acalorado debate sobre o que significa interpretar a Constituição. O debate torna-se especialmente intenso quando há uma vaga na Suprema Corte, mas é sempre importante que haja. Uma razão, sugiro, é que os membros da Corte, incluindo os mais novos, têm o grande privilégio de decidir sobre os roteiros dos novos episódios. Eles se parecem muito com George Lucas, J. J. Abrams e seus sucessores. Se a questão envolver privacidade, liberdade de expressão, igualdade entre os sexos, armas ou o poder do presidente, a resposta vai exigir obediência ao passado, mas também um juízo sobre o que o faz brilhar com mais intensidade. Quando estamos em desacordo sobre decisões da Suprema Corte, nossos argumentos são sobre o que torna um novo episódio melhor. Tenho plena consciência de que o meu velho colega da Universidade da Chicago, o juiz Scalia, não concordaria comigo sobre esse ponto. Eu gostava dele, admirava-o e reverencio sua memória — mas, no direito, mesmo mestres jedi às vezes erram.

INFINITAS POSSIBILIDADES

Vamos começar observando que no universo expandido de Star Wars, na ficção e pelas reações dos fãs, podemos encontrar um monte de especulações do tipo "O que aconteceria se...?" O mesmo tipo de especulação faz muito sentido no direito, incluindo os aspectos que lidam com o significado da Constituição. As coisas poderiam facilmente ser de outra forma.

Um dos exemplos mais elaborados é *Star Wars Infinities*, uma série de três *graphic novels* em que alguns pontos de divergência realmente pequenos remetem às histórias familiares em direções descontroladamente diferentes. Eles são bons — e a palavra "infinidades" é bem escolhida. E se os esforços de Luke para destruir a Estrela da Morte não obtivessem resultado? O que teria acontecido? Essa é a base para uma das histórias de *Star Wars Infinities*. E se Luke tivesse sido morto por aquele grande monstro em Hoth? O que Han e Leia teriam feito? Essa é a base para outra.

Mas "insiders" também produziram algo como *Star Wars Infinities*. George Lucas tentou os seus próprios episódios VII, VIII e IX, mas a Disney os rejeitou, o que significava que os autores de *O despertar da Força*, J. J. Abrams e Lawrence Kasdan, trilharam um caminho próprio. Inicialmente, Abrams trabalhou com um destacado roteirista, Michael Arndt, que produziu alguma coisa, mas não exatamente o que ele queria — dessa forma, Abrams e Kasdan escolheram a sua própria abordagem (embora continuassem dando os créditos a Arndt). Uma questão intrigante para a qual, espero, finalmente obteremos uma resposta: com que se pareceriam os episódios de Lucas?

Mesmo levando em conta o cenário das duas primeiras trilogias, poderíamos imaginar muitas versões diferentes do Episódio VII.[1] Ele pode ter sido ambientado imediatamente depois de *O retorno de jedi*, catalogando, de maneira lenta, contínua e otimista, a feliz restauração da República, o abençoado casamento de Han e Leia e o nascimento de seus quatro filhos, com Luke como o tio amigável com poderes especiais. (Chato!) Ou nós poderíamos imaginar um Episódio VII de um tipo radicalmente diferente, no qual é revelado que Darth Vader e Palpatine ainda estão vivos e tudo o que parecia acontecer no fim de *O retorno de jedi* era apenas um sonho de Luke. Nessa versão do episódio, estamos justamente de volta ao fim de *O Império contra-ataca*. (Terrível! E traindo o público!)

Poderíamos imaginar outro Episódio VII, ambientado dois anos depois de *O retorno de jedi*, em que Han e Leia rompem, porque ela não consegue superar a intensa e obsessiva atração romântica por seu irmão. Leia tenta convencer Luke de que, se isso parece tão certo, não pode estar errado. (Sentimental demais.)

Ou poderíamos imaginar um Episódio VII ambientado cinco anos depois de *O retorno de jedi*, no qual Luke, tendo obtido um poder inimaginável, termina fortemente atraído pelo Lado Sombrio. (Potencialmente interessante. Haveria uma ligação plausível com as cenas finais de tentação do Episódio VI, o que teria lhe dado uma nova vida.)

No verdadeiro Episódio VII, é claro, Abrams e Kasdan escolheram uma abordagem diferente, reproduzindo a história de *Uma nova esperança*. Na minha visão, eles fizeram-no funcionar (embora eu goste mais do Luke do Lado Sombrio). O ponto importante é que eles começaram seu projeto significativamente condicionados, mas também com inúmeras opções. Isso vale para os juízes também. De fato, isso vale exatamente da mesma forma.

SEGUINDO REGRAS

Como os juízes resolvem disputas constitucionais? De acordo com uma visão, a resposta é simples: eles leem a Constituição. A menos que estejam participando de um jogo, eles nos dizem

174   O MUNDO SEGUNDO STAR WARS

o que ela significa. Desse ponto de vista, a Constituição é muito parecida com o "Journal of the Whills", exceto que ela é real. Nos Estados Unidos, políticos republicanos muitas vezes argumentam a favor dessa interpretação. Os juízes devem apenas seguir a lei.

Em alguns casos, é isso mesmo. A Constituição norte-americana diz que, para ser eleito presidente, você precisa ter pelo menos 35 anos, e que haverá um presidente em vez de dois ou três, que o Congresso será composto de um Senado e uma Câmara dos Representantes, e que os membros da Suprema Corte serão vitalícios. Muitas das coisas importantes são escritas com antecedência, e não há nada a se fazer a respeito a não ser aderir ao que está escrito.

Ao mesmo tempo, algumas das cláusulas mais importantes da Constituição são ambíguas ou abertas. A Constituição usa a palavra *liberdade*. O que é isso? Será que inclui o direito de utilizar contraceptivos? De fazer um aborto? De se casar com pessoas do mesmo sexo? De empunhar um sabre de luz? A Constituição protege "a liberdade de opinião e expressão". Isso significa que as pessoas têm o direito de fazer ameaças? De subornar membros da Primeira Ordem? De usar truques mentais jedi? De cometer perjúrio? De gritar "fogo!" num cinema lotado? De recrutar pessoas para cometer atos do terrorismo? A Constituição proíbe os estados de negar a qualquer pessoa "a igual proteção das leis". Será que essa disposição proíbe a segregação racial? Será que proíbe a discriminação com base na orientação sexual? Será que proíbe programas de ação afirmativa?

Algumas pessoas, como o falecido juiz Scalia, têm uma forma distinta de abordar tais questões. Elas querem perguntar: *O que essas cláusulas queriam dizer quando foram originalmente ratificadas?* Nessa visão, os juízes podem simplificar bastante as suas tarefas deslocando-se em uma espécie de máquina do tempo e descobrindo o que se entendia por "Nós, o povo" [expressão que

EPISÓDIOS CONSTITUCIONAIS

inicia o preâmbulo da Constituição norte-americana] quando as disposições constitucionais foram originalmente ratificadas.

Se fizermos isso, podemos muito bem aprender que "liberdade de opinião e expressão" não incluiu o direito de cometer perjúrio e que "a igual proteção" não tinha nada a ver com a discriminação com base na orientação sexual. Se o "Journal of the Whills" existiu, talvez pudéssemos entender seu significado tentando descobrir o que Lucas realmente quis dizer. Scalia e outros são favoráveis a uma abordagem semelhante ao direito constitucional.

Mas a Suprema Corte tem firmemente, e repetidas vezes, rejeitado tal abordagem. Uma razão é histórica: a Constituição foi originalmente entendida como estabelecedora de regras bastante específicas ou, em vez disso, estabelecedora de amplos princípios cujos significados supostamente mudariam ao longo do tempo? Se a resposta for a última, então a abordagem de Scalia é autodestrutiva: o significado original era que o significado original não governaria! Alguns historiadores pensam que o originalismo é inconsistente com o significado original. É possível que, por uma questão de história, aqueles que ratificaram o documento fundador rejeitaram o originalismo e favoreceram algo como novos episódios.

Outra razão é pragmática: realmente faz sentido interpretar grandes expressões da Constituição, perguntando sobre o seu significado há bem mais de duzentos anos? É melhor compreender "liberdade de opinião e expressão" ou "punição cruel e incomum" questionando o que as pessoas pensavam sobre essas expressões em 1789? Aqueles que favorecem algum tipo de "Constituição viva"[2] insistem que dificilmente isso é melhor e que os juízes podem legitimamente compreender o significado constitucional como algo em mutação à medida que as décadas passam. Eles insistem que as sociedades aprendem ao longo do tempo e que o significado institucional pode refletir tal aprendizagem.

176 O MUNDO SEGUNDO STAR WARS

Se decidirmos que o significado da Constituição muda, então o que se espera que os juízes façam? Devem eles decidir segundo tendências sociais e políticas populares? Segundo seus próprios juízos morais? Consultando um consenso social em constante mudança? Prevendo o futuro? Ou simplesmente aprovando o que os governos estaduais e nacional decidirem, desde que a Constituição claramente não se oponha a eles? O que Star Wars diz — se é que diz alguma coisa — sobre tais questões?

O DIREITO COMO EPISÓDIOS

Em seu brilhante trabalho sobre a natureza do raciocínio jurídico, o filósofo do direito Ronald Dworkin ofereceu a impressionante metáfora de um romance em cadeia.[3] Suponha (o exemplo simples é meu, não de Dworkin) que dez pessoas são encarregadas de produzir um romance, e a cada uma se peça que produza um capítulo específico. Ackbar escreve o capítulo um — digamos, sobre Marjorie, à primeira vista uma executiva de alto nível em uma empresa de informática, que termina sentada ao lado de John, que por acaso trabalha para a CIA, em um voo de Nova York a Berlim. Kylo escreve o capítulo dois e detalha a conversa entre os dois. Tal como Kylo desenvolve a trama, ambos são divorciados e faíscas românticas começam a surgir. Agora é a vez de Poe. Como será seu terceiro capítulo?

Dworkin enfatiza que, para ser fiel à sua tarefa, Poe vai querer tornar o romance em desenvolvimento o melhor possível. Para isso, ele terá de encaixar o que se passou antes. Se John resulta ser Jabba, o hutt, a história vai começar a parecer muito idiota (a menos que Poe seja muito inteligente). Por mais simples e abstratos que sejam, os capítulos de Ackbar e Kylo impuseram limitações reais a Poe.

EPISÓDIOS CONSTITUCIONAIS

Dentro das limitações de adequação, no entanto, Poe terá muitas opções, algumas evidentemente melhores do que as outras. Se os dois personagens perdem o interesse um no outro e começam a ler o jornal, o enredo não dará em nada. Se Marjorie acaba tendo intensas discussões com a Agência de Segurança Nacional (NSA) sobre como proteger a privacidade pessoal, a história pode começar a ficar interessante.

Dworkin sustenta que a metáfora do romance em cadeia nos diz muito sobre a natureza da interpretação em geral e da interpretação jurídica em especial. Ele tem razão. A Constituição proíbe programas de ação afirmativa? Será que obriga os estados a reconhecerem o casamento entre pessoas do mesmo sexo? Para responder a essas perguntas, os juízes precisam investigar as suas decisões anteriores e se perguntar sobre qual resposta ilumina essas decisões da melhor forma ou torna o direito constitucional o melhor possível. Eles precisam escrever o próximo episódio. De certo modo, isso é direito constitucional.

"EU NÃO GOSTO DISSO E NÃO ACREDITO NISSO" NO ESTILO JURÍDICO

Vamos nos lembrar do debate entre Lawrence Kasdan e George Lucas: um personagem importante deve morrer em *O retorno de jedi*? Algo parecido a esse debate tem inúmeros paralelos no direito constitucional.

Alguém sugere um novo desenvolvimento — digamos, uma decisão a favor de que o direito à privacidade inclua o casamento poligâmico. Um advogado oferece uma razão para essa conclusão — digamos, se a privacidade significa qualquer coisa, as pessoas devem ser capazes de se casar não apenas com a pessoa que quiserem, mas com tantas pessoas quanto quiserem.

178   O MUNDO SEGUNDO STAR WARS

Alguém discorda ("Eu não gosto disso e não acredito nisso") —, argumentando que, em termos de decisões passadas, o direito à privacidade inclui apenas o direito de se casar com uma pessoa, não com várias. Alguém mais argumenta que a proteção do casamento poligâmico é realmente uma ótima ideia porque se encaixa muito bem com os precedentes e oferece a melhor continuação da narrativa que tais precedentes iniciaram. Um cético responde que o casamento poligâmico destruiria toda a importância da instituição matrimonial que os precedentes tiveram o cuidado de salvaguardar. Juízes discutem, discordam e depois votam. É assim que o direito constitucional funciona.

O melhor exemplo histórico é a liberdade de opinião e expressão. Para muitas pessoas, incluindo muitos advogados, o direito contemporâneo de liberdade de opinião e expressão é entendido como se emergisse de algum tipo de "Journal of the Whills" — como se tivesse sido desenrolado a partir de algo (tal como o entendimento original do texto ou os compromissos básicos de James Madison). Mas isso é falso; considere a área da publicidade comercial.

Até 1976, a Suprema Corte *nunca* havia decidido que a Primeira Emenda protege esse tipo de publicidade. Em seu momento "Eu sou seu pai", a Corte determinou que de fato ela o protegia, com um parecer que reivindicava continuidade com uma tradição que estava fundamentalmente revisando: "Começamos com várias proposições que já estão estabelecidas ou fora de séria disputa [...] É precisamente esse tipo de escolha, entre os perigos de suprimir informações e os perigos de seu uso indevido, se estiverem livremente disponíveis, que a Primeira Emenda faz para nós."[4]

Sério? A Primeira Emenda faz isso? Ao insistir em que ela faz, a Corte lançou uma nova luz sobre — e exigiu um novo entendimento — tudo o que veio antes. Até 1976, a Primeira Emenda não tinha sido compreendida dessa forma. Em relação à

EPISÓDIOS CONSTITUCIONAIS 179

publicidade comercial, a Corte nunca tinha sustentado (em quase duzentos anos) que a Primeira Emenda fizesse a escolha entre suprimir informações e permitir os perigos de seu uso indevido. Pelo contrário, tinha estabelecido que os funcionários públicos são autorizados a regular esse tipo de opinião/expressão como lhes aprouver. A Corte estava agindo muito como George Lucas, proclamando a continuidade e, ao mesmo tempo, fazendo uma ousada inovação.

Com a recente proteção da publicidade comercial em vista, poderíamos arriscar um entendimento radicalmente diferente da nossa tradição da liberdade de opinião e expressão: Apenas a opinião e expressão *política* tem estado, por muito tempo, no "coração" dessa tradição, garantindo que os norte-americanos possam dizer o que querem sobre os seus líderes e seu governo. Mas muito tarde no jogo (1976!), a Corte erroneamente acrescentou a publicidade comercial, de uma forma que comprometeu e minou a tradição. A proteção dessa publicidade foi um movimento em falso, um "Eu sou seu gato" no mundo real.

Mas as coisas são realmente muito mais complicadas do que isso, e o papel da criatividade e das reversões é muito mais amplo. A opinião política e sua expressão não estavam, na verdade, protegidas desde o início. Da fundação até meados do século XX, houve um bocado de censura e não se achava que a Constituição a proibisse. Os funcionários públicos eram autorizados a punir a opinião/expressão que considerassem prejudicial, mesmo que não criasse um perigo real e imediato de alguma forma. Ainda em 1963, os dissidentes corriam sério risco se o governo realmente quisesse puni-los.[5]

Uma verdadeira e forte proteção é agora concedida à opinião/ expressão política. Mas ela é uma criação de um breve (tardio e brilhante) momento no tempo, pontuado por várias decisões do tipo "Eu sou seu pai", de forma mais proeminente em 1964[6] e

1969.[7] Ao usar, em 1964, a Primeira Emenda como uma barreira ao uso da lei de difamação do estado do Alabama, a Corte estabeleceu uma proposição que exigia um repensar de tudo o que tinha vindo antes: "[...] a mortalha de medo e timidez imposta àqueles que dão voz à crítica pública é uma atmosfera em que as liberdades da Primeira Emenda não podem sobreviver."[8] (Isso é verdade? Provavelmente. Mas, em um mundo paralelo, do tipo que Star Wars não explorou — mas Star Trek sim —, a Corte não pensou dessa forma.)[9]

O que pode ser dito sobre a Primeira Emenda pode ser dito sobre inúmeros domínios do direito constitucional. A segregação racial é inaceitável, assim como todas as formas de discriminação racial, mas aquele princípio é um produto dos anos 1950.[10] Certamente, a Cláusula de Igual Proteção resultou da Guerra Civil, mas é um exagero — como um "Eu sei" de Leia — dizer que o atual direito à igual proteção deriva diretamente do texto da antiga cláusula. A liberdade religiosa, como a vivemos, é um produto da década de 1960.[11] A proibição da discriminação sexual vem dos anos 1970.[12] As agudas restrições sobre a ação afirmativa são um produto dos anos 1990 e 2000.[13] E provavelmente o mais surpreendente de tudo: a Suprema Corte não protegia a posse individual de armas antes do século XXI — antes de 2008, para ser preciso.[14]

Em cada um desses casos, advogados e juízes trabalham duro para apontar um "Journal of the Whills", mas ele simplesmente não está lá. Nada aqui foi inevitável. Sem movimentos sociais e juízos contingentes (no sentido de afirmar que "é a melhor coisa que poderíamos fazer"), os Estados Unidos teriam conhecido entendimentos constitucionais e direitos constitucionais radicalmente diferentes. Se a Suprema Corte tivesse tomado caminhos distintos, eles teriam parecido não mais surpreendentes, e não menos predestinados, do que agora observamos.

EPISÓDIOS CONSTITUCIONAIS

"ORIGINALISMO"[15]

Vimos que, quando escreveu *Uma nova esperança*, Lucas não tinha ideia dos grandes desenvolvimentos de enredo que ocorreriam em *O Império contra-ataca* e *O retorno de jedi*. Teria sido disparatado, para ele e seus coautores e sucessores, escrever mais episódios com referência a esta pergunta: *Qual era o entendimento original de Lucas?* No que diz respeito a questões centrais da série Star Wars, não existe tal entendimento; e em relação a outras questões, a pergunta aponta na direção errada (como Lucas mesmo concluiu). Para o direito constitucional, o problema é imensamente agravado por causa da defasagem temporal (muitas vezes, de séculos) entre aquele entendimento e os problemas atuais, e por causa do inesperado aumento de circunstâncias de vários tipos (o telefone, a televisão, a internet, a mudança de papéis das mulheres e dos homens).

Em qualquer período específico, o direito constitucional transmite uma aura de inevitabilidade, como se a narrativa predominante fosse planejada ou predestinada, ou um produto de algum tipo de "Journal of the Whills". Assumindo o papel de jedi, muitos originalistas, evidentemente preocupados em preservar o *status quo* constitucional, trabalharam extremamente duro para demonstrar que amplas faixas da lei atual realmente derivaram do entendimento original, mesmo que a doutrina tenha sido criada em 1950, na década de 1980, na década de 2000 ou no ano passado.

Alguns alegam, por exemplo, que, tal como ratificada logo após a Guerra Civil, a Cláusula de Igual Proteção proibia a segregação racial, ou a discriminação sexual, ou mesmo a discriminação com base na orientação sexual. Eles insistem em que, depois da fundação, o princípio da liberdade de opinião e expressão foi concebido para criar algo como a ampla proteção de que os norte-americanos agora desfrutam. Também autorretratados jedi,

182   O MUNDO SEGUNDO STAR WARS

muitos outros juízes, não atrelados ao entendimento original, fazem alegações semelhantes, defendendo que estão falando de forma neutra em nome das disposições que estão interpretando[16] ou apenas definindo a lógica interna dessas disposições.

Não acredite neles. Sejam jedi ou sith, muitos autores de direito constitucional se parecem muito com o autor de Star Wars, disfarçando a natureza essencial de seus próprios processos criativos.

EM QUE ORDEM VOCÊ DEVE ASSISTIR?

No direito constitucional, a ordem dos episódios é definida pelo tempo. Se um caso surge em 2019, o Supremo Tribunal não pode decidi-lo em 1971. Mas, para filmes da série Star Wars, as pessoas têm liberdade de escolha. No mínimo, você tem uma escolha se estiver introduzindo os filhos ou amigos à série ou se está se aproximando deles pela primeira vez.

Duas possibilidades são óbvias: a Ordem dos Lançamentos (4, 5, 6, 1, 2, 3, 7) e a Ordem dos Episódios (1, 2, 3, 4, 5, 6, 7). Para seus seis filmes, Lucas recomenda fortemente a Ordem dos Episódios — e isso tem mais lógica, com certeza. Você pode ver os eventos à medida que se desenrolam e todos eles fazem sentido (o suficiente). Há outra vantagem, mais sutil. No final de *A vingança dos sith*, Anakin acaba de se tornar Darth Vader e por isso há um enorme drama na sua entrada como Lorde Sith completo — todo Darth Vader — em *Uma nova esperança*. Isso é seu tipo de "uau".

Em minha opinião, no entanto, há um problema decisivo com a Ordem dos Episódios: você perde a surpresa e parte do impacto do melhor momento na saga, que é "Eu sou seu pai". Se você já viu 1, 2 e 3, já sabe que Darth Vader é Anakin Skywalker e, portanto, pai de Luke. Você também perderá os vários mistérios e coisas legais de *Uma nova esperança*. (Quem é Obi-Wan? O que é a Força?) Assim,

EPISÓDIOS CONSTITUCIONAIS

com a Ordem dos Episódios, os dois melhores filmes tornam-se muito menos interessantes. Entre as duas opções, a Ordem dos Lançamentos é a melhor.

Algumas pessoas propõem alternativas criativas. E quanto a 4, 5, 1, 2, 3, 6, 7? Pense nisso por um minuto. Essa sequência tem a vantagem de lhe dar "Eu sou seu pai" e de começar com os mistérios dos dois melhores, enquanto trata as prequelas como uma espécie de flashback (ao mesmo tempo que você também se mantém concentrado no fim "aberto" do Episódio V). Você começa a embrulhar tudo com o final real — e, o melhor, antes de a terceira trilogia iniciar. Não é uma má ideia.

A beliscada subversiva é chamada de Ordem do Facão: 4, 5, 2, 3, 6, 7. Com essa abordagem, *A ameaça fantasma* é deixado de lado e não se perde tanto assim. Você fica sem a infância de Anakin, o que não é tão terrível. Embora *A ameaça fantasma* tenha seus momentos, realmente não é necessário para o arco da trama. A Ordem do Facão é uma boa ideia. (Mas eu tenho um carinho por esse episódio, mesmo sendo o pior.)

Há, naturalmente, outras possibilidades. Que tal a Ordem Aleatória: 6, 4, 3, 1, 7, 2? Talvez, se você já viu todos eles antes, ou se estiver bêbado. E que tal a Ordem Inversa dos Episódios: 7, 6, 5, 4, 3, 2, 1? Talvez, se você quiser ser desafiado por uma espécie de charada ou se quiser reservar o pior para o final.

O veredito? Ordem dos Lançamentos. Assim é que se faz.

Episódio IX

A FORÇA E O MONOMITO:

Mágica, Deus e a história favorita da humanidade

Em todo o mundo habitado, em todos os tempos e sob todas as circunstâncias, os mitos dos homens floresceram e têm sido a inspiração viva para qualquer outra coisa que possa ter surgido das atividades do corpo e da mente humana.

JOSEPH CAMPBELL[1]

É um pouco radical pensar que um ser humano, ou alguém que se pareça com Yoda, possa fazer objetos levitarem. Não é? Mas se você realmente consegue dominar a Força, também pode fazer muitas coisas surpreendentes.

Aqui está uma lista:

Controlar mentes fracas

Extrair informações de mentes (esta habilidade pode estar limitada ao Lado Sombrio)

Sentir onde as coisas estão sem realmente vê-las

Ver o futuro, de certo modo

Liberar energia da ponta dos dedos para
ferir/matar os inimigos (esta habilidade
pode estar limitada ao Lado Sombrio)

Correr muito bem com pods (com rapidez
e precisão, sem bater ou ser morto)

Sentir a localização das pessoas, especialmente
se elas têm relação com você ou se também
têm acesso à Força

Fazer pessoas sufocarem

Levantar as pessoas e arremessá-las

Saltar e dar voltas com surpreendente rapidez

Fazer objetos levitarem, especialmente
sabres de luz

Lutar espetacularmente bem com
sabres de luz

Sentir perturbações na Força, aparentemente
desencadeadas por grandes eventos (como
planetas explodindo)

Voltar da morte (pode ser limitado ao
Lado Luminoso)

Lançar mísseis que explodem Estrelas da Morte
entrando através de pequenas rachaduras
(observação: o melhor piloto da galáxia,
Poe Dameron, também pode fazer isso,
embora ele não possa acessar a Força)

A FORÇA E O MONOMITO

Fora do universo de Star Wars, alguém é capaz de fazer essas coisas? Anunciantes e políticos certamente são capazes de controlar mentes fracas. ("Estes não são os droides que vocês estão procurando" poderia ser o lema deles.) De fato, há toda uma literatura sobre o que pode contar como truques mentais próprios de um jedi. Em psicologia e economia comportamental, foi demonstrado que, se você acabou de descrever as opções de uma determinada maneira, ou se destacou algumas características da situação, é possível levar as pessoas a fazer, e até mesmo a ver, o que você quer. Não é preciso ser um jedi para manipular a atenção das pessoas.

Um pequeno exemplo: se você disser às pessoas que 90% dos pacientes de um grupo prestes a se submeter a uma determinada operação estarão vivos depois de dez anos, há uma boa chance de que optem por também realizar essa operação. E se vocês lhes disser que, desse mesmo grupo, 10% estarão mortos depois de dez anos, é mais provável que se recusem. Claro que dizer "90% estarão vivos" significa exatamente a mesma coisa que dizer "10% estarão mortos". Mas descrever um problema é uma forma de "enquadrá-lo" — e um enquadramento pode ser um eficaz truque mental.

Em 2015, dois ganhadores do Prêmio Nobel, George Akerlof e Robert Shiller, publicaram um livro importante com um título incomum: *Pescando tolos: a economia da manipulação e fraude.*[2] A ideia básica é que algumas pessoas, os chamados *pescadores*, são capazes de enganar outras pessoas, os chamadas *tolos*. Pescadores podem vender crédito, cartões, hipotecas, cigarros, álcool ou alimentos não saudáveis. Eles manipulam e tentam iludir os tolos. Embora não sejam exatamente sith, certamente não são cavaleiros jedi. Mas eles têm o poder de controlar o que as outras pessoas veem. Obi-Wan acertou em cheio: "Seus olhos podem enganá-lo. Não confie neles."

Eis uma maneira de olhar a questão. Cientistas comportamentais, mais notadamente Daniel Kahneman em *Rápido e devagar: duas formas de pensar*,[3] fazem uma distinção entre "pensar rápido", associado com o Sistema 1 do cérebro, e "pensar devagar", associado com o Sistema 2. O Sistema 1 do cérebro é rápido, intuitivo e, às vezes, emocional; ele vê um cachorro grande e fica com medo, ou ele vê um brinquedo de Star Wars e precisa comprá-lo imediatamente. O Sistema 2 é mais reflexivo e deliberativo; ele vê um cachorro grande e sabe que é provavelmente manso, e, no que diz respeito a brinquedos, está disposto a dizer "Já tenho 81 brinquedos de Star Wars, isso é suficiente". Cavaleiros jedi são capazes de apelar ao Sistema 1 das pessoas e movê-las na direção que desejarem.

Há poucos meses, expliquei tudo isso para meu filho Declan. Ele gosta de brinquedos, gosta muito; sempre que passamos por uma loja de brinquedos, ele sofre para resistir a eles. Cerca de uma semana após ouvir a explicação, ele passou por uma loja e me perguntou: "Papai, eu tenho mesmo um Sistema 2?"

Dentro da psicologia, uma discussão importante é feita por Robert Cialdini em *Influência: a psicologia da persuasão*,[4] que oferece seis truques jedi. Um deles é a *reciprocidade*. As pessoas gostam de retribuir favores; se você dá algo a alguém (um desconto, algum dinheiro, um vale), provavelmente vai receber alguma coisa em troca. Outro princípio é a *prova social*: se muitas pessoas parecem pensar algo, ou fazer algo, outras estarão inclinadas a pensar ou a fazer isso também. (Uma boa maneira de mudar o comportamento é dizer às pessoas que outros estão agora pensando ou fazendo o que você quer que elas pensem ou façam.) Outro "truque jedi" é a *escassez*: as pessoas acham as coisas mais atraentes quando parecem difíceis de se conseguir ou sua disponibilidade é fortemente limitada.

A FORÇA E O MONOMITO

RECONHECIMENTO DE PADRÕES

Está bem, talvez isso não seja realmente coisa de jedi. Mas grandes atletas parecem ver as coisas quando não é possível que as vejam; por vezes, se diz que eles têm "olhos na parte de trás de sua cabeça". Considere Tom Brady, o *quarterback* da equipe de futebol americano New England Patriots, que parece ser capaz de sentir a presença dos *linebackers* e outros defensores quando eles não estão dentro do seu alcance de visão. No basquete, muitos jogadores dominam uma espécie de técnica chamada *"no-look passes"* ("passe sem olhar"); não é à toa que "Magic" Johnson ganhou seu apelido. No beisebol, os arremessadores demonstram extraordinários tempos de reação na captura de bolas rebatidas diretamente para eles.

No tempo livre, eu jogo squash — um pouco parecido com o tênis, mas jogado em local coberto, com uma bolinha que pode alcançar mais de 270 quilômetros por hora. Tenho o privilégio de treinar com alguns dos melhores do mundo; seus poderes de antecipação são estranhos. Estão aqui, e então estão lá, exatamente onde a bola está. Uma grande jogadora de squash que conheci passou por um período de quase cegueira em um olho. Isso não a afetou muito, porque ela sabia para onde a bola estava indo. Algumas habilidades atléticas são ainda mais impressionantes quando são parte de uma cultura diferente; dê uma olhada, em algum momento, em um jogo de *chinlone* ("bola de cana"), praticado na Birmânia, e observe se ele não se parece com algo retirado de Star Wars. E, obviamente, muitas pessoas são surpreendentemente habilidosas na condução de veículos velozes (incluindo carros e aviões).

A propósito, há uma explicação para a aparente habilidade do atleta em ver as coisas antecipadamente. Trata-se do *reconhecimento de padrões*, que pode muito bem ser a habilidade essencial dos jedi (e dos sith). Se você sente a Força, pode ver padrões onde as outras pessoas veem um mero borrão. É assim que você sabe exatamente o que fazer. É por isso que você não precisa de um computador para atirar através de uma pequena fenda em uma Estrela da Morte. É por isso que pode "confiar em seus sentimentos". Seus sentimentos são suas intuições, aperfeiçoadas para você perceber coisas que outros não conseguem.

Isso é real, não apenas coisa de jedi. No beisebol, basquete, futebol, tênis e squash, por exemplo, os atletas excelentes são capazes, de forma imediata, de perceber padrões familiares onde o restante de nós só vê caos ou ruído. Eles são como grandes jogadores de xadrez, que podem dar uma olhada rápida em um tabuleiro e saber exatamente o que irá acontecer. ("Em quatro jogadas, as brancas darão xeque-mate.") Não há mágica alguma aqui, nem necessidade de sentir o poder da Força. É, na verdade, fruto da prática e da repetição, produzindo um reconhecimento instantâneo de múltiplos aspectos de uma situação. Como resultado da prática, grandes atletas educam profundamente o Sistema 1, e isso parece coisa de jedi. Falando para Han, Obi-Wan chegou perto dessa constatação: "Minha experiência me diz que não existe essa história de sorte, meu jovem amigo, apenas um enorme conjunto de atitudes favoráveis que fazem os acontecimentos penderem para o nosso lado."[5]

Se isso parece intrigante, considere a ação de dirigir um carro. No início, certamente, é algo confuso. Quão forte se deve pisar no acelerador? O que fazer quando um carro está passando para a sua faixa? Você tem que tomar muitas decisões a cada minuto. Mas, depois de um tempo, isso é a coisa mais fácil do mundo. A razão é que os padrões são bastante familiares. Você os compreende instantaneamente.

PARA ALGUMAS PESSOAS, O FUTURO NÃO É TÃO NUBLADO

Ninguém pode ver o futuro, você pode pensar, mas, como Philip Tetlock e Dan Gardner mostraram, algumas pessoas realmente são "superprevisoras"; elas têm a habilidade de prever o que vai

A FORÇA E O MONOMITO

acontecer. Notavelmente, esses jedi em particular tendem a concordar com as afirmações a seguir, que podem ser consideradas parte de um Código Jedi do mundo real:

1. Nada é inevitável.
2. Mesmo grandes eventos, como a Segunda Guerra Mundial ou o 11 de Setembro, poderiam ter sido muito diferentes.
3. As pessoas devem levar em conta evidências que contrariam as suas crenças.
4. É mais útil prestar atenção naqueles que discordam de você do que naqueles que concordam com você.

A propósito, eles não concordam com estas:

1. A aleatoriedade raramente é um evento significativo nas nossas vidas pessoais.
2. A intuição é o melhor guia na tomada de decisões. (Desculpe, Obi-Wan: "Confie em seus sentimentos" nem sempre é o melhor conselho.)
3. É importante perseverar em suas crenças, mesmo quando há evidências contra elas.

Certamente, os "superprevisores" não sentem nada como a Força.[6] Eles são capazes de pensar bem sobre probabilidades, fracionando os componentes de possíveis caminhos futuros, a fim de ter uma noção do que realmente é mais provável. Eles estão dispostos a concordar com a afirmação de que "nublado o futuro é", mas são excepcionalmente bons em ver de onde as nuvens vêm, e quão grandes elas são.

Ao mesmo tempo, alguns dos poderes dos jedi realmente parecem estar além da capacidade humana, porque a Força dá às pessoas habilidades sobrenaturais. Nas palavras famosas e misteriosas de Obi-Wan, ela é "um campo de energia criado por todas as coisas vivas. Ela nos cerca, nos penetra, e mantém a galáxia unida". Certamente, ninguém é capaz de fazer objetos levitarem ou de voltar da morte. Se há ou não uma Força, a maioria das pessoas não é capaz de usá-la.

Ou é?

O GORILA QUE DESAPARECEU

Alguns anos atrás, eu estava em um grupo de cerca de trinta pessoas, observando uma grande tela de vídeo em uma sala de aula da faculdade. Um amigo meu, Richard, nos pediu para ver um curto vídeo, em que as pessoas passavam bolas de basquete umas para as outras. Ele também nos deu uma pequena tarefa: contar o número de passes. A tarefa não foi fácil. Depois de cerca de 45 segundos, eu me perdi na conta, mas continuei tentando. O vídeo terminou após pouco mais de 80 segundos, altura em que Richard nos perguntou quantos passes tinham sido feitos. Poucos de nós foram capazes de responder corretamente.

Em seguida, ele questionou: "Bem, vocês viram o gorila?" Todos nós rimos. Quer dizer, todos exceto um, que levantou a mão e disse: "Eu vi."

Na mesma hora, eu tive certeza de que o cara que levantou a mão estava fazendo algum tipo de brincadeira conosco. Mas, logo depois, Richard disse, calmamente: "Vamos ver o filme mais uma vez." Com certeza, um gorila aparece na tela, mais ou menos no meio do filme, e bate no peito, e então segue em frente. É claro como o dia e fica à vista por uns 9 segundos. Não há nada escondido ou obscuro. E, no entanto, quase todos nós não o vimos.

Recentemente, mostrei o filme para a minha filha Ellyn, a mais velha, tendo contado a ela o que acabo de dizer aqui. Depois de vê-lo, ela perguntou: "Onde estava o gorila?" Aparentemente, você pode não ver o gorila mesmo se tiver sido informado de que há um gorila!

A maioria dos grupos se saiu um pouco melhor do que o meu; geralmente, cerca de metade dos participantes não vê o gorila. Mas metade é muito. Christopher Chabris e Daniel Simons, os criadores do experimento, relatam uma conversa frequente com os participantes:

> **P:** Você notou algo de anormal enquanto realizava a tarefa de contar?
> **R:** Não.
> **P:** Você notou outra coisa, além dos jogadores?
> **R:** Bem, havia alguns elevadores, e letras S pintadas na parede. Eu não sei por que elas estavam lá.
> **P:** Você notou *alguém* mais, além dos jogadores?
> **R:** Não.
> **P:** Você notou um gorila?
> **R:** Um o quê?!?[7]

O experimento do gorila invisível é profundamente interessante porque nos diz algo importante sobre a natureza e os limites da atenção humana e, portanto, sobre como fazer truques mentais jedi. Seres humanos têm uma limitada "largura de banda" mental e por isso nos concentramos em alguns — mas não em todos — aspectos do que somos capazes de ver. O termo técnico é *cegueira por desatenção*; é o que Obi-Wan, Luke e Rey exploram (de certo modo). Por causa da nossa largura de banda limitada, perdemos coisas que estão bem diante de nossos olhos e podemos ser manipulados. Além disso, não temos consciência desse fato. Como Chabris e Simons colocam: "Nós experimentamos muito menos do nosso mundo visual do que pensamos."[8] Assim, não é preciso ser um jedi ou um sith para desviar a atenção das pessoas para onde você quiser.

Mágicos profissionais sabem disso muito bem. Apollo Robbins, batedor de carteiras e mágico, enfatiza: "Só temos uns tantos dólares mentais para começar a gastar."[9] Uma vez consumidos, "a vítima fica sem nada para poder se concentrar sobre o que está realmente acontecendo. Presto! A carteira se foi". Robbins usa piadas como um meio de exaurir "parte da largura da banda mental". Ele argumenta que a ideia é envolver os "dois guarda--costas" do cérebro; é fazer com que os dois discutam sobre aquilo em que vão prestar atenção, tornando o roubo mais fácil enquanto os guardas metafóricos estão distraídos. Mágicos são excepcionais em distrair, o que significa que eles levam o espectador a se concentrar em algo que não é a causa do efeito mágico.

Como Robbins coloca, "A atenção é como a água. Ela flui. É líquida. Você cria canais para desviá-la e espera que ela flua da maneira certa".[10] Yoda não poderia ter dito exatamente isso, mais ou menos? (Como a água, a atenção flui. Sim.)

UM JEDI DO SÉCULO XX

Mas existem realmente Fantasmas da Força? Será que o século XX viu um cavaleiro jedi, capaz de fazer aparecer pessoas do além-túmulo? Mais de um? Em um livro cativante, *The Witch of Lime Street*,[11] David Jaher nos diz muito sobre como funciona a magia, e talvez sobre algo como a Força também.

Como Jaher explica, alguns dos maiores pensadores do mundo foram convencidos, na década de 1920, de que as pessoas podiam falar com os mortos. Sir Arthur Conan Doyle criou Sherlock Holmes, o detetive canônico, que sempre podia enxergar a falsificação e o artifício. Tendo perdido um filho na Primeira Guerra Mundial (a Grande Guerra), Doyle também foi um espírita convicto que pensou a morte como "uma coisa precisamente desnecessária".

A FORÇA E O MONOMITO 195

Em seu popular livro de 1918, *A nova revelação*, ele argumentou vigorosamente a favor do espiritismo. Sua dedicatória: "A todos os bravos homens e mulheres, humildes ou estudados, que têm a coragem moral, durante setenta anos, de enfrentar o ridículo ou a desvantagem mundana, a fim de testemunharem uma verdade muito importante." De 1919 a 1930, Doyle escreveu mais doze livros sobre o mesmo assunto.

Na década de 1920, como agora, a *Scientific American* era uma publicação altamente respeitada, dedicada à difusão dos resultados de pesquisas. Em 1922, Doyle desafiou a revista e seu editor-chefe, Orson Munn, a empreender uma investigação séria dos fenômenos psíquicos. James Malcolm Bird, um dos editores (e, anteriormente, professor de matemática da Universidade de Columbia), ficou intrigado. Em novembro, a revista estabeleceu um concurso muito divulgado, com um prêmio de 5 mil dólares, para qualquer um que conseguisse produzir provas conclusivas de "manifestações físicas" do tipo jedi — como, por exemplo, fazer objetos voarem por uma sala. A revista anunciou sobriamente que ainda era "incapaz de chegar a uma conclusão definitiva quanto à validade das alegações psíquicas".

Todos os candidatos iniciais falharam no teste; a comissão os incentivou a continuar tentando. Enquanto isso, uma mulher chamada Mina Crandon ganhava a atenção internacional. Um amigo, falando por muitos, descreveu-a como um "uma jovem muito, muito bonita" e "provavelmente a mais absolutamente encantadora mulher que já conheci". Ela também parecia capaz de fazer objetos levitarem (mesas e cadeiras) e de falar com os mortos; principalmente, com o seu irmão, Walter.

Em Londres, ela se apresentou diante de vários investigadores, aparentemente fazendo uma mesa se erguer e flutuar. Ela e seu marido se tornaram amigos de Doyle, que assegurou "a verdade e amplitude de seus poderes". Bird a convidou para participar do concurso da revista. Aceitando o desafio, ela moveu objetos, produziu ruídos em vários lugares e "canalizou" Walter. Na edição de julho 1924 da *Scientific American,* Bird escreveu sobre "Margery", um pseudônimo criado para proteger a privacidade da jovem. Ele disse que "a probabilidade inicial de autenticidade [é] muito maior do que em qualquer caso anterior que a comissão tenha tratado". O artigo de Bird foi amplamente discutido. A manchete do *New York Times* dizia: "Margery passa em todos os testes psíquicos." O *Boston Herald* divulgou: "Quatro dos cinco homens escolhidos para conferir o prêmio garantem que ela é 100% genuína."

Isso levou Harry Houdini, o aclamado mágico, a desmascará--la. Assim como Han disse a Luke, Houdini insistiu: "É tudo um monte de truques simples e bobagens." Observando-a de perto em diversas ocasiões, Houdini começou a descobrir exatamente como ela produzia alguns dos seus efeitos mais impressionantes. Com evidente admiração, ele relatou, Crandon tinha produzido "o ardil 'mais esperto' que eu jamais detectei, e converteu todos os céticos". Em novembro de 1924, ele escreveu um longo panfleto, acompanhado de desenhos altamente detalhados das sessões, com os quais ele especificava exatamente como Crandon foi capaz, no escuro, de manobrar suas pernas, cabeça e ombros para produzir os vários efeitos.

Mas numerosos defensores de Crandon não ficaram convencidos. Retrataram Houdini como alguém de pensamento estreito demais, ele mesmo uma fraude. Doyle acusou Houdini de ser preconceituoso e desonesto; a acusação destruiu a amizade deles. Mesmo anos depois, Doyle declarou: "Eu estou perfeitamente certo que foi uma exposição não de Margery, mas de Houdini."

Como Margery foi capaz de enganar tantas pessoas, incluindo alguns dos grandes pensadores da época? A resposta tem muito a ver com um truque mental jedi, sob a forma de uma extraordinária capacidade de manipular a atenção das pessoas. Consideremos uma pequena história de um dos investigadores de Margery, o psicólogo de Princeton Henry C. McComas, que descreveu para Houdini as proezas sobrenaturais dela com grande admiração, insistindo ter visto cada uma delas com os próprios olhos. McComas relatou que, pelo resto de sua vida, ele não esqueceria o desprezo com que Houdini recebeu suas palavras. "Você diz que *viu*. Porque você não viu nada. O que você vê agora?" Nesse momento, Houdini bateu em meio dólar com as palmas das mãos e ele prontamente desapareceu.

Sua grande adversária nunca confessou. Em seus últimos dias, um pesquisador sugeriu a uma debilitada Mina Crandon, viúva havia dois anos, que ela morreria feliz se finalmente admitisse tudo, permitindo ao mundo conhecer seus métodos. Para surpresa do pesquisador, o antigo brilho de alegria voltou aos olhos dela. A mulher riu suavemente e ofereceu-lhe como resposta: "Por que você não adivinha?"

Essa é a melhor resposta, é claro, mas há pouca dúvida de que Margery usou um monte de gorilas invisíveis. Focando a atenção das pessoas em alguns lugares, e desviando essa atenção de outros, ela foi capaz de fazê-las ver exatamente o que queria que elas vissem. Em suma: "Estes não são os droides que vocês estão procurando."

EMPURRÃOZINHO JEDI, EMPURRÃOZINHO SITH

Com meu amigo e coautor, o grande economista Richard Thaler, tenho explorado a ideia de "empurrõezinhos" — intervenções, por parte de instituições privadas e públicas, que preservam plenamente a liberdade de escolha, mas que também orientam as pessoas em certas direções. Um dispositivo GPS é um empurrãozinho: o aparelho indica o melhor caminho para se chegar ao destino desejado. Um lembrete é um empurrãozinho ("Não esqueça o seu sabre de luz, querido"). Da mesma forma, um aviso ("Há um asteroide à direita") ou informações simples. Se informar as pessoas sobre uma norma social ("a maioria das pessoas evita o Lado Sombrio"), você estará dando um empurrãozinho — e o mesmo é verdade quando você "enquadra" uma situação, de modo a promover certo tipo de conduta ("Noventa por cento das pessoas que tentam aprender a usar a Força alcançam o objetivo depois de três meses").

Em todo o mundo, os governos têm mostrado um aguçado interesse em "empurrõezinhos". Em 2010, o Reino Unido criou uma Equipe de Ciências Comportamentais. Em 2014, os Estados Unidos a seguiram com a própria Equipe de Ciências Sociais e Comportamentais. Austrália, Alemanha e a Holanda criaram equipes semelhantes. Elas não usam truques mentais jedi, mas arregimentam entendimentos da economia comportamental e psicologia humana para tentar fazer com que o trabalho do governo melhore.

Poderíamos fazer uma distinção aqui entre dois tipos de empurrãozinho: aqueles que são abertos e transparentes, e aqueles que parecem mais velados. Um rótulo de calorias ou um aviso sobre os riscos do tabagismo é completamente aberto. Nada é escondido ou obscuro. Mas se os alimentos saudáveis são colocados ao nível dos olhos, e se os menos saudáveis são mais difíceis de ver, algumas pessoas acham que existe um risco de manipulação. A propaganda subliminar é bem pior, porque as pessoas não têm consciência de que estão sendo influenciadas.

Jedi e sith, ambos são capazes de dar empurrõezinhos — de forma transparente e velada. Na verdade, eles dão alguns das duas formas. E, embora a Força os capacite a trabalhar mentes fracas, eles parecem ter uma espécie de restrição ética: geralmente

A FORÇA E O MONOMITO 199

querem que as pessoas escolham, e querem que elas escolham *livremente.* Não sabemos, com certeza, se Obi-Wan, Yoda, Vader ou o imperador poderiam trabalhar a mente de Luke sem o consentimento dele. Mas nós sabemos que eles querem que Luke escolha de uma maneira particular. Eu observei que, ecoando a história do dr. Fausto, o Lado Sombrio busca aliciar a alma de Luke, e ele tem de recusá-lo por sua livre vontade.

Sempre que Thaler autografa nosso livro *Nudge: o empurrão para a escolha certa,* ele tem o cuidado de escrever: "Empurrõezinhos para o bem." Ele faz isso porque a compreensão da psicologia do ser humano abre oportunidades para ferir as pessoas — para usar suas próprias intuições contra elas mesmas. As empresas privadas, por vezes, fazem exatamente isso. Da mesma forma, políticos desagradáveis o fazem. Os *que fazem phishing** não são exatamente Sith, mas dão empurrõezinhos, e não para o bem.

MITO ANTIGO, NOVA MANEIRA

Mas a Força não diz respeito apenas à psicologia humana, a vieses comportamentais ou até mesmo à magia. É muito mais sombria e misteriosa do que isso. Acima de tudo, envolve uma "dose de fé".[12] Qui-Gon insistiu que "[os] caminhos da Força Viva estão além da nossa compreensão".

Sem dúvida que sim, mas os caminhos de George Lucas são bastante transparentes, pelo menos aqui. Ele sempre teve e continua tendo muito interesse por religiões, e procurou transmitir algo espiritual. Quando tinha apenas 8 anos, perguntou a sua mãe: "Se há um só Deus, por que existem tantas religiões?"[13] Lucas é fascinado por essa pergunta desde então. Ao escrever

---

* Fraude eletrônica para obter senhas, dados pessoais, financeiros etc.

Star Wars, ele disse: "Eu queria um conceito de religião baseado na premissa de que existe um Deus e existe o bem e o mal. [...] Acredito em Deus e acredito no certo e errado."[14]

Star Wars conscientemente faz um empréstimo de uma variedade de tradições religiosas. Lucas pensa que, num sentido importante, todas são essencialmente a mesma. Ele é claro sobre isso, insistindo em que, ao fazer tais empréstimos, "está contando um mito antigo de uma nova maneira".[15] Vimos que ele foi imensamente influenciado por Joseph Campbell, seu "último mentor",[16] que afirmou que muitos mitos e diversas religiões foram enraizados em uma única narrativa, um produto do inconsciente humano. Campbell dá uma espécie de resposta ao Lucas de 8 anos: há um só Deus e todas as religiões O adoram. Ele argumentou que mitos aparentemente díspares derivam do "monomito" (ou eram ele), que tem características identificáveis.

Em resumo: um herói é chamado para algum tipo de aventura. (Talvez pelas circunstâncias, talvez por alguém em perigo.) Inicialmente, ele recusa o chamado, apontando para os seus medos, seus hábitos e o que não é capaz de fazer. Mas, finalmente, ele se sente compelido a aceitar o chamado e sai de sua casa. Encontrando grandes perigos, ele precisa da ajuda sobrenatural, e a obtém, muitas vezes vinda de um homem ou de uma mulher pequenos, velhos ou enrugados. (Pense em Obi-Wan ou Yoda.) Ele é iniciado por meio de várias provações, algumas delas envolvendo risco de vida, mas consegue sobreviver. Em seguida, enfrenta algum tipo de tentação do mal, talvez de uma figura satânica, a quem ele resiste (com intensa dificuldade). Nessa etapa, ele se reconcilia com seu pai — e se torna divino, uma figura religiosa (a apoteose). Derrotando os inimigos mais perigosos, ele retorna para casa e recebe a aclamação geral.

Isso, evidentemente, é um resumo de mitos e muitas tradições religiosas; também capta inúmeros livros, programas de televisão

A FORÇA E O MONOMITO 201

e filmes da cultura popular. (Matrix, Batman, Homem-Aranha, Jessica Jones e Harry Potter são apenas cinco exemplos; muitas histórias em quadrinhos, e os filmes nelas baseados, têm uma trama semelhante.) Em poucas palavras, essa é a jornada de Lucas na primeira trilogia. "Quando fiz Star Wars, conscientemente me concentrei na recriação de mitos e motivos condutores mitológicos clássicos."[17] A Jornada do Herói também captura muito de Anakin nas prequelas — com uma fantástica variante: Anakin se torna um monstro, não um salvador. Mas, como se revela, ele é o salvador definitivo, o Escolhido, que restaura o equilíbrio da Força, e assim sua jornada se encaixa muito bem no padrão se os seis episódios forem tomados como um todo. Vendo a primeira trilogia pela primeira vez, Campbell ficou inspirado: "Sabe, eu pensava que a verdadeira arte havia parado em Picasso, Joyce e Mann. Agora sei que não parou."[18]

Como Lucas expressou, "com Star Wars, foi a religião — tudo foi considerado e colocado de uma forma que tornou fácil a aceitação por parte de todas as pessoas; por isso, não se enquadrava em um modo contemporâneo, em que você precisaria argumentar sobre ela. Foi aceita em todo o mundo".[19] O triunfo duradouro de Star Wars é partir de uma história familiar, assimilada em culturas e psiques díspares, e a definir em um ambiente totalmente não familiar, tornando-a efervescente e moderna, com diversas reviravoltas emocionalmente ousadas — o que permitiu, assim, que uma série de filmes para crianças tocasse o coração de todos. Nosso mito moderno é tanto uma busca espiritual quanto um psicodrama, insistindo que a redenção é sempre possível, que qualquer um pode ser perdoado e que a liberdade nunca é uma ilusão.

Episódio X

NOSSO MITO, NÓS MESMOS

Por que Star Wars nos comove

Nascida como uma imitação da antiga série Flash Gordon, a saga Star Wars é um pouco como uma memória de infância, um pouco como um primeiro beijo, um pouco como um presente de Natal. É um pouco como o ar. Star Wars veio para ficar.

O tempo certo é tudo e a sorte é importante. Em 1977, o tempo seguramente era o certo para uma história otimista sobre heróis, eremitas, droides e sabres de luz. Depois de assassinatos, turbulência e mal-estar, os Estados Unidos precisavam de algo grande para se reerguer, como *Uma nova esperança*. Em 2015, o relançamento beneficiou-se muito do gosto evidente da época pela nostalgia (sequências e mais sequências) e sua necessidade premente de boas notícias. O elenco familiar de personagens poderia ligar as pessoas à sua própria juventude e a seus pais, vivos ou mortos, e a seus filhos também. Depois da grande recessão, e em meio a ameaças terroristas, Rey, Finn, Poe e a

204   O MUNDO SEGUNDO STAR WARS

Resistência eram irresistíveis. (Han Solo também, ainda que tenha morrido.)

As pessoas também tendem a gostar de coisas que outras pessoas gostam. Sempre que há um grande estardalhaço, a maioria de nós quer ficar por dentro. Há um profundo desejo humano de conhecimento comum e experiências comuns.[1] As nações precisam de festas e eventos que diversas pessoas possam compartilhar; feriados, filmes, programas de televisão e eventos esportivos os providenciam. O lançamento de um novo filme de Star Wars é uma celebração nacional.

Pode até nem importar tanto assim se é bom! Se um novo episódio conecta você com milhões de pessoas em sua cidade, ou com pessoas de todo o país ou mesmo do mundo, bem, isso pode preencher o coração humano. Em um mundo fragmentado, cheio de nichos e câmaras de eco, Star Wars proporciona um muito necessário tecido de conexão. Você pode ser jovem ou velho, um democrata ou um republicano, mas pode ter uma boa discussão sobre se Han atirou primeiro, ou se as prequelas são subestimadas, ou sobre as reais motivações de Rey e Kylo.

Star Wars tem muito a dizer sobre impérios e repúblicas, e se baseia diretamente na queda de Roma e na ascensão do nazismo. Suas alegações simples e estilizadas sobre o que há de errado com impérios ressoam em muitas nações. Mas a saga não é didática. É feminista? (De certa forma). É sobre o cristianismo? (Sim.) Será que abraça o budismo? (Ela tenta, às vezes, mas não, de forma alguma; tudo menos isso.) Você pode interpretá-la de inúmeras maneiras; ela convida ao desacordo e às obsessões.

A Força permanece um mistério, mas cada um de nós é capaz de reconhecer o lado da Luz e o lado da Escuridão. Star Wars tem aguçada consciência de que o coração humano abriga ambos. Lucas não era um advogado do diabo; Abrams, tampouco, mas eles estão atentos ao seu apelo. Star Wars pode ser demasiado sério para William Blake, que passou muito tempo com o Lado Sombrio. ("A Energia é um Eterno Deleite.") Mas ele a teria apreciado.

Star Wars retrata, e aciona, alguns dos mais profundos sentimentos das crianças por seus pais, e dos pais por seus filhos. Captura a esmagadora intensidade desses sentimentos — e sua ambivalência também. Quando um pai, ou seu filho, testemunha Vader salvando Luke, ou Kylo matando Han, estamos voltando à tragédia grega, a Freud e aos fundamentos humanos. Joseph Campbell, o Yoda de Lucas, apontou para a necessidade de as pessoas "sentirem o êxtase de estar vivas e tudo se relaciona a isso, afinal, e é isso que essas pistas nos ajudam a encontrar dentro de nós mesmos".[2] Star Wars contém essas pistas.

É uma ópera espacial, mas seus melhores momentos são surpreendentemente íntimos. Eles não envolvem naves, explosões, criaturas estranhas ou repúblicas e rebeliões. Nesses momentos, um ser humano vê, e reforça, o bem em outro, mesmo na imediata sequência dos mais terríveis atos. É o vis-à-vis. Ainda mais do que a misericórdia, o perdão "é duas vezes abençoado", porque "abençoou aquele que o concede e aquele que o recebe".[3] Com um pouco de sorte e a decisão de amar a si mesmo, apesar de tudo, insistir no perdão pode produzir a redenção, possivelmente na forma de atos de coragem espetacular.

Por toda a sua conversa sobre destino, Star Wars insiste na liberdade de escolha. Essa é a maior lição. A partir de atos do próprio arbítrio, as pessoas podem alterar os lances aparentemente inevitáveis da história. Em pequena ou grande escala, elas podem acertar as coisas. Meninos de fazenda podem decidir ir para Alderaan. Contrabandistas interesseiros podem mudar de ideia e, com um único disparo, resgatar seus amigos. ("Você está a salvo, garoto, agora vamos explodir essa coisa e voltar pra casa!") Vendo sangue em seus capacetes, stormtroopers podem optar por deixar a Primeira Ordem e ajudar um prisioneiro de olhos maliciosos que acaba se revelando o melhor piloto da galáxia. Catadoras de sucata podem optar por salvar um pequeno droide chamado BB-8 e descobrir que o mais famoso sabre de luz da galáxia está ao alcance de suas mãos.

Star Wars é original, e é um conto de fadas, mas não é uma mera reprodução do monomito de Campbell. É muito mais superficial, e muito mais profunda. É Flash Gordon, e um filme faroeste, e uma história em quadrinhos. Reivindica honrar o destino, mas o seu verdadeiro tema é a bifurcação na estrada e a decisão que você toma quando se depara com ela. Com pompa e circunstância, a história acaba sendo totalmente norte-americana. Ainda assim, consegue ser universal, concentrando-se, como faz, na característica mais essencial da condição humana: a liberdade de escolha em meio a um futuro nebuloso.

Star Wars presta a devida homenagem à importância do distanciamento e do sereno desapego. Mas o seu coração rebelde abraça os intensos apegos a pessoas específicas, mesmo em face de raios do próprio imperador. No momento decisivo, as crianças salvam seus pais. Elas são crescidas. E anunciam a sua escolha: "Eu sou um jedi, como meu pai antes de mim."

Nota bibliográfica

Há tantos livros e artigos sobre Star Wars, e tantos deles interessantes e bons, que parece injustiça destacar apenas alguns. Mas aprendi mais com Michael Kaminski, *The Secret History of Star Wars* (Kingston, Ontário: Legacy Books Press, 2008), que também contém uma tonelada de divertimento; Chris Taylor, *How Star Wars Conquered the Universe*, edição revista e ampliada (Nova York: Basic Books, 2015), que fornece um fantástico e completo serviço de compras sobre o tema; e os fabulosos tratamentos abrangentes apresentados por J. W. Rinzler, *The Making of Star Wars: The Definitive Story Behind the Original Film* (Nova York: Del Rey Books, 2007); *The Making of Star Wars: The Empire Strikes Back* (Nova York: Del Rey Books, 2010); e *The Making of Star Wars: Return of the Jedi* (Nova York: Del Rey Books, 2013). George Lucas também dá excelentes e esclarecedoras entrevistas; muitas estão reunidas em Sally Kline, org., *George Lucas: Interviews* (Jackson: University Press of Mississippi, 1999).

Para parte da discussão aqui, baseei-me em pesquisas em ciências sociais que (surpreendentemente) não envolvem Star Wars. Um tratamento brilhante da contingência, a história e as influências sociais está em Duncan Watts, *Everything Is Obvious* (Nova York: Crown Business, 2011); Watts inspirou grande parte da minha discussão aqui. Michael Chwe, em *Rational Ritual* (Princeton, NJ: Princeton University Press, 2001), tem muito a dizer sobre as experiências coletivas; é breve, mas profundo.

Sobre ciência comportamental, duas fontes excepcionais são Daniel Kahneman, *Thinking, Fast and Slow* (Nova York: Farrar, Straus & Giroux, 2011), e Richard H. Thaler, *Misbehaving* (Nova York: Norton, 2015). Sobre cascatas de informação, a análise original é de Sushil Bikhchandani, David Hirshleifer e Ivo Welch, "A Theory of Fads, Fashion, Custom, and Cultural Change as Informational Cascades", volume 100 do *Journal of Political Economy* 992 (1992). A polarização de grupo é explorada em Cass R. Sunstein, *Going to Extremes* (Oxford e Nova York: Oxford University Press, 1999). Sobre o direito constitucional como episódios da saga, Ronald Dworkin, *Law's Empire* (Cambridge, MA: Belknap Press, 1985), permanece o tratamento definitivo.

Agradecimentos

Eu não tinha planos de escrever este livro, e se você me dissesse que eu iria escrevê-lo, não teria acreditado. O projeto começou há menos de um ano, quando minha esposa e eu estávamos jantando na casa de dois bons amigos, Jenna Lyons e Courtney Crangi. Enquanto a noite avançava, Courtney casualmente apontou para um velho CD contendo *Uma nova esperança*. Ela disse que eu deveria pedi-lo emprestado e mostrá-lo para o meu filho Declan, então com 5 anos.

Eu não tinha visto o filme ao longo de décadas e não tinha nenhum desejo especial de vê-lo novamente. Declan estava interessado em beisebol, não em naves espaciais, e era um pouco jovem para droides, explosões e Lorde Vader. Então, mostrar o filme para ele parecia bastante catastrófico. Mas, por diversão (e para ser educado com Courtney), decidi tentar. É claro que ele adorou. E eu também.

Depois de vermos *Uma nova esperança*, assistimos prontamente aos outros cinco (embora apenas uma parte de *A vingança dos sith*, que é muito intenso). Comecei a ficar um pouco obcecado. Obrigado, Courtney.

Durante décadas, convidei estudantes de direito (está bem, implorei a eles) para me ajudarem em projetos de pesquisa, envolvendo temas como o Administrative Procedure Act [Lei do Processo Administrativo], reforma regulamentária, o valor de uma vida estatística e regras padrão em direito ambiental. Sempre tive sorte o bastante em obter uma boa resposta, mas, para este livro, a resposta foi inigualável. Na verdade, foi esmagadora. Um agradecimento especial a Declan Conroy, Lauren Ross e Christopher Young — todos cavaleiros jedi.

Meus sinceros agradecimentos também a Jacob Gersen, David Jaher, Martha Nussbaum, L. A. Paul, Richard Thaler e Adrian Vermeule pelos comentários sobre a totalidade ou parte do manuscrito. Agradecimentos particulares a Vermeule não só pelas inúmeras discussões, mas também pela publicação de ensaio-resenha sobre Star Wars no *New Rambler,* que ele edita; este livro cresceu a partir dessa semente. (O ensaio pode ser encontrado em http://newramblerreview.com/book-reviews/fiction-literature/how-star-wars-illuminates-constitutional-law-and-authorship.)

Obrigado a minha excepcional agente, Sarah Chalfant, pelo apoio, orientação e entusiasmo. Para este professor de direito, Star Wars não era exatamente um tema provável, e eu fiquei realmente surpreso, e continuo mais do que grato, por Sarah ter me incentivado a continuar. Também sou grato a membros de um grupo de leitura na Harvard Law School, no outono de 2015, para o qual lecionei o tema da contingência e do acaso. O curso não era sobre Star Wars, mas o assunto realmente (hummm) surgiu. Agradeço também a Tom Pitoniak pela excelente e cuidadosa preparação do texto.

Minha esposa, Samantha Power, não é uma grande fã de Star Wars, mas viu comigo *O despertar da Força* e realmente gostou. Ela também tem sido generosa o suficiente para tolerar inúmeras discussões sobre Luke, Leia, Obi-Wan, Darth Vader e todo

AGRADECIMENTOS

o restante — e para manter seu bom humor enquanto Declan, Rian e eu assistíamos aos filmes no computador. (Se ela se sentiu excluída, não o demonstrou.) Surpreendentemente, ela compartilhou o meu entusiasmo por este projeto. Surpreendentemente, ela leu um rascunho inicial deste livro, na íntegra, e fez sugestões sobre como estruturá-lo, e também numerosas revisões página a página, o que reorientou e melhorou em muito o manuscrito. A Força trabalha muito forte na família dela (midiclorianos no nível de Anakin, sem dúvida); sou verdadeiramente abençoado por fazer parte dela.

Julia Cheiffetz era, e é, a melhor das editoras. Ela é brilhantemente criativa, muito divertida e tem visão. Na verdade, ela é um pouco como George Lucas, no sentido de que suas exigências são realmente altas, e ela não vai simplesmente ajustá-las. Estou consciente de que este livro não é tão bom quanto Julia merece — nem perto disso —, mas seus esforços o fizeram uma tonelada melhor. Para tudo o que funciona aqui, ela é o meu copiloto.

O lugar favorito na terra do meu pai, eu acho, foi Marblehead, em Massachusetts. Ele adorava Preston Beach e pescar, jogar tênis, suas crianças e sorvete italiano, que o maravilhava. Na minha vida inteira, nunca o vi zangado (nem mesmo uma vez). Ele morreu jovem, na casa dos 60; não viveu o tempo suficiente para conhecer meus três filhos. Com seus ombros grandes e fortes e um sorriso infalível e largo, ele nunca ficou velho. Ele não tinha um Darth Vader em si, nem um Kylo Ren; e apenas um pouco de Obi-Wan, mas Han Solo em abundância. (Ele era um grande paquerador.) Quando eu era criança, ele me mostrou suas medalhas da Segunda Guerra Mundial. Embora nunca tenha me dado um sabre de luz, tenho comigo aquelas medalhas agora. Obrigado, pai.

Notas

INTRODUÇÃO: APRENDENDO COM STAR WARS

1. Joseph Campbell, *The Power of Myth* [*O poder do mito*] (Anchor, 1991), 46.
2. Ver "Star Wars Total Franchise Revenue", Statistic Brain Research Institute. Disponível em: <http://www.statisticbrain.com/star--wars-totalfranchiserevenue>. Acesso em: 14 fev. 2016.
3. Adam Rogers, "'*Star Wars*' Greatest Screenwriter Wrote All Your Other Favorite Movies Too", *Wired*, 18 nov. 2015. Disponível em: <http://www.wired.com/2015/11/lawrence-kasdan-qa/>.

EPISÓDIO I: EU SOU SEU PAI
A jornada heroica de George Lucas

1. Daniel Kahneman e Amos Tversky, "The Availability Bias", in *Judgment Under Uncertainty: Heuristics and Biases* (Daniel Kahneman et al. eds., 1982), 415.
2. Anwar Brett, "Interview with George Lucas", *BBC*. Disponível em: <http://www.bbc.co.uk/films/2005/05/18/george_lucas_star_wars_episode_iii_interview.shtml>. Acesso em: 24 set. 2014.
3. Chris Taylor, *How Star Wars Conquered the Universe*, edição revisada e ampliada (Nova York: Basic Books, 2015), 115.

4. George Lucas, "Introduction", in Donald F. Glut, *Star Wars V: The Empire Strikes Back* (Nova York: Del Rey Books, 1980).

5. J. C. Macek III, "Abandoned 'Star Wars' Plot Points Episode IV: A Family that Slays Together Strays Apart", *Pop Matters*, 22 jun. 2015. Disponível em: <http://www.popmatters.com/feature/194139-abandoned-star-wars-plot-points-episode-iv-the-family-that-slays-tog/>.

6. Chris Taylor, *How Star Wars Conquered the Universe*, 111.

7. Sally Kline, ed., *George Lucas: Interviews* (Jackson: University Press of Mississippi, 1999), 219.

8. Jan Helander, "The Development of Star Wars as Seen Through the Scripts by George Lucas" (1997). Disponível em: <http://hem.bredband.net/wookiee/development/>.

9. Sally Kline, ed., *George Lucas: Interviews*, 57 (daqui em diante referido como *Interviews*).

10. "Did 'Star Wars' Become a Toy Story? Producer Gary Kurtz Looks Back", *Hero Complex*, 12 ago. 2010. Disponível em: <http://hero-complex.latimes.com/movies/star-wars-was-born-a-long-timeago--but-not-all-that-far-far-away-in-1972-filmmakers-george-lucas--andgary-kurtz-wer/>.

11. J. W. Rinzler, *The Making of Star Wars* (Nova York: Del Rey Books, 2007), 8.

12. Michael Kaminski, *The Secret History of Star Wars* (Kingston, Ontário: Legacy Books Press, 2008), 45.

13. Chris Taylor, *How Star Wars Conquered the Universe*, 103.

14. J. W. Rinzler, *The Making of Star Wars*, 8.

15. Ibid.

16. Ibid.

17. Chris Taylor, *How Star Wars Conquered the Universe*, 103.

18. Michael Kaminski, *The Secret History of Star Wars*, 51.

19. Ibid., 52.

20. A melhor discussão é a de Michael Kaminski, *The Secret History of Star Wars* (Kingston, Ontário: Legacy Books Press, 2008), 469-86. Note, no entanto, que o próprio Lucas disse: "'Darth' é uma variação de *dark* [sombrio] e 'Vader' é uma variação de *father* [pai]. Então,

NOTAS

é basicamente Dark Father". Gavin Edwards, "George Lucas and the Cult of Darth Vader", *Rolling Stone*, 2 jun. 2005. Disponível em: <http://www.rollingstone.com/movies/news/george-lucas-and-a--cult-of-darth-vader-20050602>.

21. Chris Taylor, *How Star Wars Conquered the Universe*, 113.

22. Michael Kaminski, *The Secret History of Star Wars*, 447.

23. Paul Scanlon, "An Interview with George Lucas", *Rolling Stone*, 25 ago. 1977. Disponível em: <http://www.rollingstone.com/movies/news/the-wizard-of-star-wars-20120504>.

24. Ver Chris Taylor, *How Star Wars Conquered the Universe*, 237.

25. "George Lucas Relates to 'Lost': 'The Trick is to Pretend You've Planned the Whole Thing Out in Advance'", *Hero Complex*, 18 mai. 2010. Disponível em: <http://herocomplex.latimes.com/movies/lost-george-lucas/>.

26. Chris Taylor, *How Star Wars Conquered the Universe*, 237.

27. H. L. Jackson, *Those Who Write for Immortality* (New Haven, Connecticut: Yale University Press, 2015), 169, 171.

28. Chris Taylor, *How Star Wars Conquered the Universe*, 248-51; também excelente é Michael Kaminski, *The Secret History of Star Wars*, com o qual aprendi muito.

29. Chris Taylor, *How Star Wars Conquered the Universe*, 100.

30. Ibid., 263.

31. Documentário *The Making of Star Wars*, de 1977. Disponível em: <https://www.youtube.com/watch?v=FSuDjjlIPak>.

32. George Lucas, "Star Wars: A New Hope", in *The Star Wars Trilogy* (Nova York: Ballantine Books, 2002), 53.

33. Ibid., 171.

34. Ibid., 260.

35. J. W. Rinzler, *The Making of Star Wars*, 107.

36. Chris Taylor, *How Star Wars Conquered the Universe*, 232.

37. *Interviews*, 96.

38. Chris Taylor, *How Star Wars Conquered the Universe*, 100.

39. Ver Leigh Bracket, *Star Wars Sequel*. Disponível em: <http://scyfilove.com/wp-content/uploads/2010/05/Star-Wars-The-Empire strikes--Back-Brackett-Draft.pdf>. Acesso em: 14 fev. 2016.

216 O MUNDO SEGUNDO STAR WARS

40. Ryan Bradley, "Economists, Biologists, and Skrillex on How to Predict the Future", *New York Times Magazine*, 10 nov. 2015. Disponível em: <http://www.nytimes.com/2015/11/15/magazine/economists--biologists-and-skrillex-on-how-to-predict-the-future.html>.

41. Ver Phil Szostak, *The Art of Star Wars: The Force Awakens* (Nova York: Abrams, 2015).

42. Ver Anthony Lane, "*Star Wars: The Force Awaken* Reviewed", *The New Yorker*, 18 dez. 2015. Disponível em: <http://www.newyorker.com/culture/cultural-comment/star-wars-the-force-awakens-reviewed>.

43. J. W. Rinzler, *The Making of Star Wars*, 64.

44. Joanna Robinson, "Star Wars Writer Explains Why The Force Awakens Leaves So Many Questions Unanswered", *Vanity Fair*, 21 dez. 2015. Disponível em: <http://www.vanityfair.com/hollywood/2015/12/star-wars-force-awakens-who-are-reys-parents>.

45. *Interviews*, 120.

46. Esforços imaginativos foram feitos para restaurar o sentido. O meu favorito é este: Han pegou um atalho. Para discussão, ver Amelia Hill, "Star Wars FAQ: Why Did Han Solo Say He Made the Kessel Run in 12 Parsecs?", About.com, 10 dez. 2014. Disponível em: <http://scifi.about.com/od/starwarsglossaryandfaq/a/Star-Wars-Faq_Why-Did-Han-Solo-Say-He-Made-The-Kessel-Run--In-12-Parsecs.htm>.

EPISÓDIO II: O FILME DE QUE NINGUÉM GOSTAVA

Um fiasco previsto se torna a obra definidora do nosso tempo

1. J. W. Rinzler, *The Making of Star Wars*, 294. No fim de semana, o número de cinemas exibindo o filme aumentou para 43. Taylor, *How Star Wars Conquered the Universe*, 187.

2. J. W. Rinzler, *The Making of Star Wars*, 294.

3. Ibid., 295.

4. Chris Taylor, *How Star Wars Conquered the Universe*, 182.

5. J. W. Rinzler, *The Making of Star Wars*, 294.

NOTAS

6. Michael Coate, "The Original First-WeekEngagements of 'Star Wars'", in *70mm*. Disponível em: <http://www.in70mm.com/news/2003/star_wars/>. Acesso em: 13 fev. 2016.

7. Chris Taylor, *How Star Wars Conquered the Universe*, 187.

8. J. W. Rinzler, *The Making of Star Wars*, 304.

9. Michael Zoldessy, "Celebrating the Original Star Wars on Its 35th Anniversary", *Cinema Treasures* blog, 25 mai. 2012. Disponível em: <http://cinematreasures.org/blog/2012/5/25/celebrating-the-original--star-wars-on-its-35th-anniversary>.

10. Ibid.

11. J. W. Rinzler, *The Making of Star Wars*, 304.

12. Ibid.

13. Ibid., 302.

14. Ibid., 300. *Tubarão* tinha faturado US$ 260 milhões em bilheteria em 1975. *Jaws* Gross, Box Office Mojo. Disponível em: <http://www.boxofficemojo.com/movies/?id=jaws.htm>. Acesso em: 2 nov. 2015.

15. Faturamento bruto de Star Wars, Box Office Mojo. Disponível em: <http://www.boxofficemojo.com/movies/?page=releases&id=starwars4.htm>. Acesso em: 2 nov. 2015.

16. "Top-US-Grossing Feature Films Released 1977-01-01 to 1977-12-31", IMDb. Disponível em: <http://www.imdb.com/search/title?sort=boxoffice_gross_us&title_type=feature&year=1977>. Acesso em: 4 jan. 2016.

17. Ibid.

18. "All Time Box Office", Box Office Mojo. Disponível em: <http://www.boxofficemojo.com/alltime/adjusted.htm>. Acesso em: 9 nov. 2015.

19. Ibid.

20. Dados de Samoa, Banco Mundial. Disponível em: <http://data.worldbank.org/country/samoa>. Acesso em: 4 jan. 2016.

21. *The Empire Strikes Back* Gross, Box Office Mojo. Disponível em: <http://www.boxofficemojo.com/movies/?page=releases&id=starwars5.htm>. Acesso em: 2 nov. 2015.

218   O MUNDO SEGUNDO STAR WARS

22. Ver Star Wars Franchise Gross, Box Office Mojo. Disponível em: <http://www.boxofficemojo.com/franchises/chart/?id=starwars. htm>. Acesso em: 2 nov. 2015.

23. Tre'vell Anderson e Ryan Faughnder, "'Star Wars: The Force Awakens' Now Holds Record for Largest Opening Weekend Ever", *Los Angeles Times*, 20 dez. 2015. Disponível em: <http://www.latimes.com/enter-tainment/envelope/cotown/la-et-ct-star-wars-the-force-awakens--weekend-box-office-20151220-story.html>.

24. Brook Barnes, "'Star Wars: The Force Awakens' Shatters Box Office Records", *The New York Times*, 20 dez. 2015. Disponível em: <http://www.nytimes.com/2015/12/21/movies/star-wars-the--force-awakens-shatters-box-office-records.html>.

25. Paul Scanlon, "An Interview with George Lucas".

26. J. W. Rinzler, *The Making of Star Wars*, 36.

27. Chris Taylor, *How Star Wars Conquered the Universe*, 156.

28. "George Lucas Was Convinced 'Star Wars' Would Be a Disaster Until This Phone Call in 1977", *Business Insider*, 18 abr. 2015. Disponível em: <http://www.businessinsider.com/when-george-lucas-knew--star-wars-was-a-hit-2015-4>. No entanto, Lucas teve alguém que acreditava, o então presidente da Twentieth Century Fox Alan Ladd Jr. Ver ibid. Lucas também teve mais alguém que acreditava, o amigo e colega de direção Steven Spielberg. Ver ibid.; ver também Frank Pallotta, "How Steven Spielberg Made Millions Off 'Star Wars' After a 1977 Bet with George Lucas", *Business Insider*, 26 mar. 2014. Disponível em: <http://www.businessinsider.com/george-lucas--star-wars-bet-made-steven-spielberg-millions-2014-3>.

29. Chris Taylor, *How Star Wars Conquered the Universe*, 184.

30. Ibid., 156-57. Ver também Paul Scanlon, "An Interview with George Lucas".

31. *Interviews*, 81.

32. Paul Scanlon, "An Interview with George Lucas".

33. Chris Taylor, *How Star Wars Conquered the Universe*, 157.

34. Mike Musgrove, "Review: 'How Star Wars Conquered the Universe', by Chris Taylor", *The Washington Post*, 10 out. 2014. Disponível em:

<https://www.washingtonpost.com/entertainment/books/review-how-star-wars-conquered-the-universe-by-chris-taylor/2014/10/09/6cd5afa2-32bc-11e4-8f02-03c644b2d7d0_story.html>.

35. Chris Taylor, *How Star Wars Conquered the Universe*, 187.
36. Susana Polo, "Stephen Colbert and George Lucas Talk Star Wars, Wooden Dialogue, and Howard the Duck", *Polygon*, 18 abr. 2015. Disponível em: <http://www.polygon.com/2015/4/18/8448685/stephen-colbert-george-lucas-tribeca-talk>.
37. *When Star Wars Ruled the World*, programa de televisão do canal VH1, 18 set. 2004. Disponível em: <https://www.youtube.com/watch?v=1CGnXUEWFbIth>.
38. Ibid.
39. Gavin Edwards, "The Many Faces of Vader", *Rolling Stone*, 2 jun. 2005. Disponível em: <http://www.rollingstone.com/movies/features/the-many-faces-of-vader-20050602?page=2>.
40. *When Star Wars Ruled the World*.
41. Carrie Fisher, "The Arrival of the Jedi", *Time*, 31 mar. 2003. Disponível em: <http://content.time.com/time/specials/packages/article/0,28804,1977881_1977891_1978545,00.html>.
42. Chris Taylor, *How Star Wars Conquered the Universe*, 145.
43. Susana Polo, "Stephen Colbert and George Lucas Talk Star Wars".
44. Paul Young, "*Star Wars* (1977)", in John White e Sabine Haenni, orgs., *Fifty Key American Films* (Londres e Nova York: Routledge, 2009), 177, 180.

EPISÓDIO III: SEGREDOS DO SUCESSO

Star Wars foi impressionante, oportuno ou apenas
uma história de muita sorte?

1. Duncan Watts, "Is Justin Timberlake a Product of Cumulative Advantage?" (2007). Disponível em: <http://www.nytimes.com/2007/04/15/magazine/15wwlnidealab.t.html>.
2. Adam Rogers, "The Force Will Be With Us. Always. — Star Wars and the Quest for the Forever Franchise", *Wired*. Disponível em:

<http://www.wired.com/2015/11/building-the-star-wars-universe>. Acesso em: 13 fev. 2016.

3. Ver Matthew J. Salganik et al., "Experimental Study of Inequality and Unpredictability in an Artificial Cultural Market", 311 *Science* 854, 10 fev. 2006. Disponível em: <https://www.princeton.edu/~mjs3/salganik_dodds_watts06_full.pdf>.

4. Matthew J. Salganik e Duncan J. Watts, "Leading the Herd Astray: An Experimental Study of Selffulfilling Prophecies in an Artificial Cultural Market", 71:4 *Social Psychology Quarterly* 338, 2008. Disponível em: <http://www.princeton.edu/~mjs3/salganik_watts08.pdf>.

5. Ver, em geral, H. L. Jackson, *Those Who Write for Immortality*.

6. A lápide de John Keats, Keats-Shelley House. Disponível em: <http://www.keats-shelley-house.org/en/writers/writers-john--keats/john-keats-tombstone>. Acesso em: 13 fev. 2016.

7. H. L. Jackson, *Those Who Write for Immortality*, 149.

8. Ibid., 117.

9. Ibid., 155.

10. Ibid., 161.

11. Ibid., 131.

12. Ibid., 95.

13. Ibid., 168.

14. Ibid., 218.

15. Arion Berger, "A Night Out at the Memeplex", in Glenn Kenny, org., *A Galaxy Not So Far Away* (Nova York: Henry Holt, 2002), 64.

16. Ann Friedman, "Why Did I Pay $30 to See 'Star Wars'?", *Los Angeles Times*, 23 dez. 2015. Disponível em: <http:// www.latimes.com/opinion/op-ed/la-oe-1223-friedman-star-wars-mass-culture-20151223--story.html>.

17. Arion Berger, "A Night Out at the Memeplex", 66.

18. J. W. Rinzler, *The Making of Star Wars*, 247.

19. Ibid., 256.

20. Ibid., 288.

21. Chris Taylor, *How Star Wars Conquered the Universe*, 184.

22. Ver J. W. Rinzler, *The Making of Star Wars*, 297.

NOTAS

23. Ver, por exemplo, ibid., 296 (compilação de comentários positivos).
24. Vincent Canby, "A Trip to a Far Galaxy That's Fun and Funny", *The New York Times*, 26 mai. 1977. Disponível em: <http://www.nytimes.com/1977/05/26/movies/moviesspecial/26STAR.html?_ r=1&>.
25. Chris Taylor, *How Star Wars Conquered the Universe*, 164.
26. Joseph Gelmis, "Superb Sci-Fi", *Newsday*, 27 mai. 1977. Disponível em: <http://www.newsday.com/entertainment/movies/star-wars--newsday-s-original-1977-movie-review-1.7922952>.
27. Chris Taylor, *How Star Wars Conquered the Universe*, 187.
28. "'Star Wars': Their First Time", *The New York Times*, 28 out. 2015. Disponível em: <http://www.nytimes.com/interactive/2015/10/28/movies/star-wars-memories.html>. Ver também J. W. Rinzler, *The Making of Star Wars*, 298 (compilação de reações de diretores a Star Wars).
29. J. W. Rinzler, *The Making of Star Wars*, 298.
30. Ibid., 298.
31. Jonathan Lethem, "13, 1977, 21", in Glenn Kenny, org., *A Galaxy Not So Far Away*, 1.
32. Todd Hanson, "A Big Dumb Movie About Space Wizards: Struggling to Cope with *The Phantom Menace*", in Glenn Kenny, org., *A Galaxy Not So Far Away*, 181.
33. Gary Arnold, "'Star Wars': A Spectacular Intergalactic Joyride", *The Washington Post*, 25 mai. 1977. Disponível em: <http://www.washingtonpost.com/wp-dyn/content/article/2005/04/06/AR2005040601186.html>.
34. Ver *Time*, 30 mai. 1977. Disponível em: <http://content.time.com/time/covers/0,16641,19770530,00.html>.
35. Ver J. W. Rinzler, *The Making of Star Wars*, 195-96.
36. Ibid., 297.
37. Ibid.
38. Chris Taylor, *How Star Wars Conquered the Universe*, 187 n. 4.
39. J. W. Rinzler, *The Making of Star Wars*, 297.
40. Chris Taylor, *How Star Wars Conquered the Universe*, 189.
41. Ibid.
42. Ibid.

222   O MUNDO SEGUNDO STAR WARS

43. *Star Wars: The Legacy Revealed,* programa exibido no History Channel, 28 mai. 2007. Disponível em: <https://archive.org/details/StarWars-TheLegacyRevealed2007>.
44. Ann Friedman, "Why Did I Pay $30 to see 'Star Wars'?". Para um tratamento mais acadêmico, ver Cass R. Sunstein e Edna Ullmann--Margalit, *Journal of Political Philosophy* 9, n. 2 (jun. 2001) 129.
45. A. O. Scott, "'Star Wars', Elvis and Me", *The New York Times,* 28 out. 2015. Disponível em: <http://www.nytimes.com/2015/11/01/movies/star-wars-elvis-and-me.html?hp&action=click&pgtype=Home page&module=photo-spot-region&region=top-news&WT.nav=top--news&_r=1&mtrref=www.nytimes.com&assetType=nyt_now>.
46. Chris Taylor, *How Star Wars Conquered the Universe,* 163. Taylor também destaca como Star Wars "coincidiu com níveis recordes de uso da maconha entre estudantes do ensino médio; a tendência teria seu pico em 1978 e vem diminuindo desde então". Ibid., 184.
47. David Wilkinson, *The Power of the Force* (Oxford: Lion, 2000), 67-69.
48. *Star Wars: The Legacy Revealed.*
49. Ibid.
50. "Report to the American People on Energy", do presidente Jimmy Carter, 2 de fevereiro de 1977. Disponível em: <https://www.youtube.com/watch?v=MmlcLNA8Zhc>.

EPISÓDIO IV: TREZE FORMAS DE OLHAR STAR WARS

Cristianismo, Édipo, política, economia e Darth Jar Jar

1. George Lucas, *"Star Wars: A New Hope",* 35.
2. Carta de Thomas Jefferson para James Madison, 30 de janeiro de 1787. Disponível em: <http://founders.archives.gov/documents/Jefferson/01-11-02-0095>.
3. Jonathan V. Last, "The Case for the Empire", *Weekly Standard,* 15 mai. 2002. Disponível em: <http://www.weeklystandard.com/article/2540>.
4. Joe Queenan, "Anakin, Get Your Gun", in Glenn Kenny, org., *A Galaxy Not So Far Away,* 115.

NOTAS

5. Galen Strawson, "Thinking, Fast and Slow by Daniel Kahneman — Review", *Guardian*, 13 dez. 2011. Disponível em: <http://www.theguardian.com/books/2011/dec/13/thinking-fast-slow-daniel-kahneman>.

6. A melhor discussão é a de Tali Sharot, *The Optimism Bias* (Nova York: Pantheon Books, 2011).

7. Sobre a aversão às perdas, consulte Eyal Zamir, *Law, Psychology, and Morality: The Role of Loss Aversion* (Oxford e Nova York: Oxford University Press, 2014).

8. Tina Burgess, "George Lucas Near-Death Experience: One Moment in Heaven, a Lifetime on Earth", *Examiner*, 7 nov. 2012. Disponível em: <http://www.examiner.com/article/george-lucas-near-death-experience-one-moment-heaven-a-lifetime-on-earth>.

9. James Kahn, *"Star Wars: Return of the Jedi"*, in The Star Wars Trilogy, 80.

10. Comfortably Smug, "The Radicalization of Luke Skywalker: A Jedi's Path to Jihad", *Decider*, 11 dez. 2015. Disponível em: <http://decider.com/2015/12/11/the-radicalization-of-luke-skywalker-a-jedis-path-to-jihad/>.

11. Comfortably Smug, "The Radicalization of Luke Skywalker: A Jedi's Path to Jihad", *Decider*, 11 dez. 2015. Disponível em: <http://decider.com/2015/12/11/the-radicalization-of-luke-skywalker-a-jedis-path-to-jihad/>.

12. Comfortably Smug, "The Radicalization of Luke Skywalker: A Jedi's Path to Jihad", *Decider*, 11 dez. 2015. Disponível em: <http://decider.com/2015/12/11/the-radicalization-of-luke-skywalker-a-jedis-path-to-jihad/>.

13. Lydia Millet, "Becoming Darth Vader", in Glenn Kenny, org., *A Galaxy Not So Far Away*, 133-34, 136.

14. William Blake, *The Marriage of Heaven and Hell* (*circa* 1790).

15. William Blake, *The Marriage of Heaven and Hell* (*circa* 1790).

16. Tom Bissell, "Pale Starship, Pale Rider: The Ambiguous Appeal of Boba Fett", in Glenn Kenny, org., *A Galaxy Not So Far Away*, 15.

17. Joe Queenan, "Anakin, Get Your Gun", 114.

224 O MUNDO SEGUNDO STAR WARS

18. Gavin Edwards, "George Lucas and the Cult of Darth Vader", *Rolling Stone*, 2 jun. 2005. Disponível em: <http://www.rollingstone.com/movies/news/george-lucas-and-a-cult-de-darth-vader-20050602>.
19. James Kahn, *"Star Wars: Return of the Jedi"*, 184.
20. Kevin O'Keeffe, "There's Either an Error in the New 'Star Wars' Crawl or a Big Surprise for Luke and Leia", *Mic*, 24 dez. 2015. Disponível em: <http://mic.com/articles/131224/there-s-either-an-error-in-the-new-star-wars-crawl-or-a-big-surprise-for-lukeandleia#.AzDuakWXE>.
21. Matthew Bortolin, *The Dharma of Star Wars* (Boston: Wisdom, 2005).
22. Lance Parkin, *Magic Words: The Extraordinary Life of Alan Moore* (Londres: Aurum Press, 2013), 324.
23. Michael Drosnin, *The Bible Code* [O código da Bíblia] (Nova York: Simon & Schuster, 1998).
24. Michael Shermer, "Patternicity: Finding Meaningless Patterns in Meaningless Noise", *Scientific American*, 1 dez. 2008. Disponível em: <http://www.scientificamerican.com/article/patternicity-finding-meaningful-patterns/>.

EPISÓDIO V: PAIS E FILHOS

É possível ser redimido, especialmente se o seu
filho realmente gostar de você

1. "In Case You've Ever Wondered About George Lucas' Parenting Philosophies...", *Oh No They Didn't!*, 20 mai. 2008. Disponível em: <http://ohnotheydidnt.livejournal.com/23697573.html?page=4>.
2. *Interviews*, 219.
3. Shawn Schaitel, "The Mythology of STAR WARS", YouTube, 14 mai. 2014. Disponível em: <https://www.youtube.com/watch?v=YpiEk42_O_Q>. ("Nessa entrevista de 1999, Bill Moyers discute com George Lucas como Joseph Campbell e seu conceito de monomito, também conhecido como a Jornada do Herói, e outros conceitos de mitologia e religião moldaram a saga Star Wars.")

NOTAS

4. *Interviews*, 199.
5. Ibid., 221.
6. Shawn Schaitel, "The Mythology of STAR WARS".
7. "In Case You've Ever Wondered About George Lucas' Parenting Philosophies...", *Oh No They Didn't!*, 20 mai. 2008. Disponível em: <http://ohnotheydidnt.livejournal.com/23697573.html?page=4>.
8. Ibid.
9. Ibid.
10. Ibid.
11. "George Lucas Reveals What He Hopes His Obituary Says", CBS News, 15 dez. 2015. Disponível em: <http://www.cbsnews.com/news/star-wars-creator-george-lucas-kennedy-center-honors-directing-career/>.
12. Ver Shawn Schaitel, "The Mythology of STAR WARS".
13. Jim Windolf, "Star Wars: The Last Battle", *Vanity Fair*, 31 jan. 2005. Disponível em: <http://www.vanityfair.com/news/2005/02/star-wars-george-lucas-story>.
14. Martin Luther King Jr., sermão "Amando os seus inimigos", em 25 de dezembro de 1957. Disponível em: <http://www.thekingcenter.org/archive/document/loving-your-enemies-0=#>.
15. James Kahn, "*Star Wars: Return of the Jedi*", 220.
16. Kyle Buchanan, *It Took Almost 40 Years, But Harrison Ford Is Now a* Star Wars *Fan, Vulture*, 11 jul. 2015. Disponível em: <http://www.vulture.com/2015/07/after-38-years-harrison-ford-is-a-star-wars-fan.html>.
17. *Interviews*, 110.
18. Ian Freer, "Star Wars Archive: George Lucas 1999 Interview", *Empire*, 11 dez. 2015. Disponível em: <http://www.empireonline.com/movies/features/star-wars-archive-george-lucas-1999-interview/>.
19. *Interviews*, xii.
20. Matthew Stover, *Episode III: Revenge of the Sith* (Nova York: Random House, 2005), 196.
21. Donald F. Glut, "*Star Wars: The Empire Strikes Back*", 166.
22. Matthew Stover, *Episode III: Revenge of the Sith* (Nova York: Random House, 2005), 363.

226   O MUNDO SEGUNDO STAR WARS

23. Gavin Edwards, "George Lucas and the Cult of Darth Vader".
24. "An Interview with Martha Nussbaum", *Philosophy for Life*, 5 fev. 2009. Disponível em: <http://www.philosophyforlife.org/an-interview-with-martha-nussbaum/>.

EPISÓDIO VI: LIBERDADE DE ESCOLHA

Não se trata de destino ou profecia

1. Entrevista com Bill Moyers (1999). Disponível em: <http://billmoyers.com/content/mythology-of-star-wars-george-lucas/>.
2. Adam Rogers, "'*Star Wars*' Greatest Screenwriter Wrote All Your Other Favorite Movies Too", *Wired*, 18 nov. 2015. Disponível em: <http://www.wired.com/2015/11/lawrence-kasdan-qa/>.
3. Jim Windolf, "Star Wars: The Last Battle".
4. George Lucas, *Star Wars: A New Hope*, 219.
5. Ian Freer, "Star Wars Archive".
6. James Kahn, *Star Wars: Return of the Jedi*, 174.
7. Shawn Schaitel,"The Mythology of STAR WARS".
8. Adam Rogers, "*Star Wars*' Greatest Screenwriter Wrote All Your Other Favorite Movies Too".

EPISÓDIO VII: REBELDES

Por que impérios caem, por que combatentes da resistência
(e terroristas) se erguem

1. J. W. Rinzler, *The Making of Star Wars*, 7-8, 16.
2. "The Oppression of the Sith", *Star Wars Modern*, 18 fev 2010. Disponível em: <http://starwarsmodern.blogspot. com/2010/02/communist-manifesto-turns-160-neocons.html>.
3. "George Lucas Interview", Boston.com. Disponível em: <http://www.boston.com/ae/movies/lucas_interview/> (transcrição da entrevista de Ty Burr com George Lucas).
4. Erin Whitney, "Kylo Ren of 'Star Wars: The Force Awakens' Was Inspired by Nazis... Sorta", *Huffington Post*, 25 ago. 2015. Disponível

NOTAS 227

em: <http://www.huffingtonpost.com/entry/kylo-ren-the-force-
-awakens-nazis_55dca490e4b04ae49704973c>.

5. Matthew Stover, *Revenge of the Sith*, 152.

6. George Lucas, *Star Wars: A New Hope*, 42.

7. David Germain, "Sci-Fi Themes Hit Closer to Home", *L.A. Times*, 16 mai. 2005. <http://articles.latimes.com/2005/may/16/entertainment/et-starwars16>.

8. "Cannes Embraces Political Message in 'Star Wars'", *Associated Press*, 16 mai. 2005. Disponível em: <http://www.today.com/id/7873314/ns/today-today_entertainment/t/cannes-embraces-political-message-star-wars/#.Voay4JMrJp9>.

9. *Hitler Empowered to Dissolve Parliament; Rule by Decree; State Ouster of Cohn Accomplished*, Jewish Telegraphic Agency, 2 fev. 1933. Disponível em: <http://www.jta.org/1933/02/02/archive/hitler-empowered-to-dissolve-parliament-rule-by-decree-stateouster-of-cohn-accomplished>.

10. Disponível em: <http://www.washingtonpost.com/wp-dyn/content/blog/2005/11/07/BL2005110700793.html>.

11. Weekly White House Address, 17 mai. 2014. Disponível em: <https://www.whitehouse.gov/thepress-office/2014/05/17/weekly-address-working-when-congress-won-t-act>.

12. Karoun Demirjian, "Democrats Hint They Are Ready for Obama to Shut Down Gitmo Alone", *The Washington Post*, 11 nov. 2015. Disponível em: <https://www.washingtonpost.com/news/powerpost/wp/2015/11/11/democrats-hint-they-are-ready-for-obama-to-shut-downgitmo-alone/>.

13. Edmund Burke, *Reflections on the Revolution in France* 95 (L. G. Mitchell, org., Oxford University Press, 2009) (1790).

14. Edmund Burke, *Reflections on the Revolution in France* 95.

15. Martin Luther King Jr., discurso sobre o boicote aos ônibus de Montgomery, em 5 de dezembro de 1955. Disponível em: <http://www.blackpast.org/1955-martin-luther-king-jr-montgomery-bus-boycott>.

16. George Lucas, *"Star Wars: A New Hope"*, 28.

17. Ibid., 40.

18. Ibid., 41.
19. Ibid., 97.
20. *Martin Niemöller: First They Came for the Socialists*, Enciclopédia do Holocausto. Disponível em: <http://www.ushmm.org/wlc/en/article.php?ModuleId=10007392>.
21. Comissão de Relações Exteriores, Câmara dos Comuns, "British Foreign Policy and the 'Arab Spring': Second Report of Session 2012-13", Report No. HC 80, anexo 13 (UK). Para um breve resumo dos levantes na Tunísia, Egito e Líbia, ver ibid., anexo 16.
22. Ver "U.S. Intelligence Official Acknowledges Missed Arab Spring Signs", *Los Angeles Times*, World Now blog, 19 jul. 2012. Disponível em: <http://latimesblogs.latimes.com/world_now/2012/07/us--intelligence-official-acknowledges-missed-signs-ahead-of-arab--spring-.html>; Stephanie Levitz, "Arab Spring Caught Canada by Surprise: Government Report", *Huffington Post*, 6 mai. 2013. Disponível em: <http://www.huffingtonpost.ca/2013/05/06/arab--spring-canada-government-report_n_3224719.html>.
23. F. Gregory Gause III, "Why Middle East Studies Missed the Arab Spring: The Myth of Authoritarian Stability", *Foreign Affairs*, jul./ago. 2011. Disponível em: <https://www.foreignaffairs.com/articles/north-africa/2011-07-01/why-middle-east-studies-missed--arab-spring>.
24. Jeff Goodwin, "Why We Were Surprised (Again) by the Arab Spring", *Swiss Political Science Review* 17 (2011): 452, 453.
25. George Lucas, *Star Wars: A New Hope*, 54.
26. Susanne Lohmann, "The Dynamics of Informational Cascades: The Monday Demonstrations in Leipzig, East Germany, 1989-91", *World Politics* 47 (out. 1994): 42.
27. George Lucas, *"Star Wars: A New Hope"*, 34.
28. Para uma excelente discussão, para a qual me baseei aqui, consultar Timur Kuran, *Private Truths, Public Lies* (Cambridge, MA: Harvard University Press, 1998).
29. Ver Cass R. Sunstein, *Going to Extremes* (Oxford e Nova York: Oxford University Press, 2009).

NOTAS

30. Gordon S. Wood, *The Radicalism of the American Revolution* (Nova York: Knopf, 1991), 29-30.
31. Susana Polo, "Stephen Colbert and George Lucas Talk Star Wars".
32. *Interviews*, 65.
33. Susana Polo, "Stephen Colbert and George Lucas Talk Star Wars".
34. Philip E. Tetlock e Dan Gardner, *Superforecasting: The Art and Science of Prediction* (Nova York: Crown, 2015), 10.
35. *Interviews*, 92.
36. Chris Taylor, *How Star Wars Conquered the Universe*, 146.

EPISÓDIO VIII: EPISÓDIOS CONSTITUCIONAIS

Liberdade de opinião e expressão, igualdade de gênero e casamentos entre pessoas do mesmo sexo como episódios

1. "We Ask 10 Sci-FiAuthors to Write Star Wars: Episode VII", *Popular Mechanics*, 21 mai. 2014. Disponível em: <http://www.popularmechanics.com/culture/movies/g1523/we-ask-10-sci-fi-authors-to-write-star-wars-episode-vii/>.
2. Ver, por exemplo, David A. Strauss, "Do We Have a Living Constitution?", *Drake Law Review* 59 (2011): 973.
3. Ver Ronald Dworkin, *Law's Empire* [*O império do direito*] (Cambridge, MA: Belknap Press, 1985), 229-39.
4. *Virginia State Board of Pharmacy v. Virginia Citizens Consumers Council*, 425 U.S. 748, 761, 770 (1976).
5. Ver, por exemplo, *Dennis v. United States*, 341 U.S. 494 (1951), que permaneceu como boa norma até *Brandenburg v. Ohio*, 395 U. S. 444 (1969).
6. *New York Times Co. v. Sullivan*, 376 US 254 (1964).
7. *Brandenburg*, 395 U. S. 444.
8. *Sullivan*, 376 U. S. anexo 278.
9. "Mirror Universe", Wikia. Disponível em: <http://en.memory-alpha.org/wiki/Mirror_universe>. Acesso em: 4 jan. 2016.
10. Veja *Brown v. Board of Education* (Brown I), 347 U. S. 483 (1954).
11. Ver *Engel v. Vitale*, 370 U. S. 421 (1962).

230   O MUNDO SEGUNDO STAR WARS

12. Ver *Califano v. Goldfarb*, 430 U. S. 199 (1977).
13. Ver *Grutter v. Bollinger*, 539 U. S. 306 (2003).
14. Ver *District of Columbia v. Heller*, 554 U. S. 570 (2008).
15. Existem muitas variedades diferentes. Estou falando do tipo defendido por Antonin Scalia, *A Matter of Interpretation* (Princeton, NJ: Princeton University Press, 1998), em vez do defendido por Jack Balkin, *Living Originalism* (Cambridge, MA: Belknap Press of Harvard University Press, 2012). Na verdade, a versão de Balkin se encaixa bem com o que eu estou sugerindo aqui.
16. Stephen Breyer, *Active Liberty* (Nova York: Knopf, 2005). Pode ser lido dessa maneira, embora eu considere que seu argumento é mais sutil.

EPISÓDIO IX: A FORÇA E O MONOMITO

Mágica, Deus e a história favorita da humanidade

1. Joseph Campbell, *The Hero with a Thousand Faces* [*O herói de mil faces*] (New World Library, 2008), 1.
2. George Akerlof e Robert Shiller, *Phishing for Phools: The Economics of Manipulation and Deception* [*Pescando tolos: a economia da manipulação e fraude*] (Nova Jersey: Princeton University Press, 2015).
3. Daniel Kahneman, *Thinking, Fast and Slow* [*Rápido e devagar: duas formas de pensar*] (Nova York: Farrar, Straus and Giroux, 2011).
4. Robert Cialdini, *Influence: The Psychology of Persuasion* [*Influência: a psicologia da persuasão*] (Nova York: William Morrow, 1984).
5. George Lucas, *"Star Wars: A New Hope"*, 147.
6. Ver Philip Tetlock e Dan Gardner, *Superforecasting*.
7. Christopher Chabris e Daniel Simons, *The Invisible Gorilla: How Our Intuitions Deceive Us* (Nova York: Crown, 2009), 6.
8. Ibid., 7.
9. Mariette DiChristina, "How Neuroscientists and Magicians Are Conjuring Brain Insights", *Scientific American*, 14 mai. 2012. Disponível em: <http://blogs.scientificamerican.com/observations/how-neuroscientists-and-magicians-are-conjuring-brain-insights/>.

NOTAS 231

10. Adam Green, "A Pickpocket's Tale", *The New Yorker*, 7 jan. 2013. Disponível em: <http://www.newyorker.com/magazine/2013/01/07/a--pickpockets-tale>.

11. David Jaher, *The Witch of Lime Street: Séance, Seduction and Houdini in the Spirit World* (Nova York: Crown Publishers, 2015). As várias citações nas páginas seguintes são do cativante livro de Jaher.

12. Shawn Schaitel, "The Mythology of Star Wars".

13. Ibid.

14. Ryder Windham, *Star Wars Episode I: The Phantom Menace Movie Scrapbook* 11 (Nova York: Random House, 1999).

15. Shawn Schaitel, "The Mythology of Star Wars".

16. Ibid.

17. Ibid.

18. Chris Taylor, *How Star Wars Conquered the Universe*, 278.

19. Trent Moore, "George Lucas Tries to Explain the Real Meaning of the Star Wars Saga", *Blastr*, 27 out. 2014. Disponível em: <http://www.blastr.com/2014-10-27/george-lucas-tries-explain-real-meaning--star-wars-saga>.

EPISÓDIO X: NOSSO MITO, NÓS MESMOS

Por que Star Wars nos comove

1. Ver Michael Chwe, *Rational Ritual: Culture, Coordination, and Common Knowledge* (Princeton, NJ: Princeton University Press, 2013).

2. Ep. 2: Joseph Campbell and the Power of Myth — "The Message of the Myth", Moyers & Company, 8 mar. 2013. Disponível em: <http://billmoyers.com/content/ep-2-joseph-campbell-and-the-power-of--myth-the-message-and-the-myth-audio/>.

3. William Shakespeare, *O mercador de Veneza*, ato 4, cena 1.

Índice

2001: uma odisseia no espaço, 25, 73, 83

A

A fortaleza escondida, 28
A maldição das aranhas, 47
A nova revelação (Doyle), 195
A noviça rebelde, 47
A vingança dos sith
  A decisão de A. Skywalker em, 130-131
  drama enorme, 182
  Imperador em, 59
  Lucas sobre, 135
  ranking, 166
Abrams, J. J.
  advogado do diabo e, 204
  como juiz e criador, 171

escolhas em *O despertar da Força*, 40
especulações do Facebook, 154
incrível e espetacular, 165
marca e, 55
perguntas "O que aconteceria se...", 137
sobre aventura, 18
sobre o próprio caminho, 172
tema jeffersoniano, 89
Adele, 99
advogado do diabo
  Abrams como, 204
  Lado Sombrio e, 96-103
  Lucas como, 204
Agarra-me se puderes, 46
agentes, 31, 205
Akerlof, George, 187
aleatoriedade, 107, 191
American Graffiti, 162

234 O MUNDO SEGUNDO STAR WARS

Anakin Skywalker (personagem)
apego e, 117
apego, 121-123
batalha final, 167
caminho para o Lado Sombrio,
86, 95, 131, 167
cenas de amor, 39
como monstro, 201
como pai, 118-121
como parte da Santíssima Trindade, 85
como tapado, 89
decisão em *A vingança dos sith*,
131
escolhas, 128
matando Satanás, 85
nascido de uma virgem, 84
redenção de, 117, 123
sentindo raiva, 99
volta para o Lado Luminoso, 117
"Ansiedade de separação", 61
apartheid, 58, 154
apego humano, 19
apego
A. Skywalker, 117, 121-123
L. Skywalker, 122
natureza de, 18
Apocalypse Now, 136
apofenia, 109
Arábia Saudita, 148
Argélia, 148
arrependimento, 113
arrepios na espinha, 32-34

Ataque dos clones
letreiro inicial de, 162-163
poder em, 140
ranking, 166
visões em, 131
atenção, 194
Austen, Jane, 21, 65-66
Avatar, 47-48
Avco, cinema, 72
aventura, 18, 27, 30, 56, 73, 78, 200
Awake, 59

B

Bacon, Francis, 108
BB-8 (personagem), 95, 206
Beatles, 14, 54, 57, 99
bens culturais, 67
Berger, Arion, 68
Biggs (personagem), 145, 150-151, 154
Bird, James Malcolm, 195
Blake, William, 31, 65, 98, 205
boicote aos ônibus de Montgo-
mery, 145
Bonaparte, Napoleão, 137
Bortolin, Matthew, 106
Boston Herald, 196
Brackett, Leigh, 38
Bradbury, Ray, 159
Brady, Tom, 189
Brunton, Mary, 65-66
budismo, 105-106, 121-122, 204
Burke, Edmund, 144
Burtt, Ben, 52

ÍNDICE

Bush, George W., 141
Byatt, A. S., 33

C

C-3PO (personagem), 29
cadeias causais, 160
Calefação, 61
Campbell, Joseph
  como mentor de Lucas, 17, 120, 200, 205
  monomito de, 84, 206
  sobre arte, 20
  sobre deuses, céus, infernos, 13
  sobre mito, 185
Canby, Vincent, 73
caos, 91
capitalismo, 17
Carter, Jimmy, 78
casamento entre pessoas do mesmo sexo, 169
casamento poligâmico, 177-178
cascatas de informação
  L. Skywalker e, 69
  O despertar da Força, 68
  Obama e, 163
  segredos do sucesso, 68-71
  Uma nova esperança, 68, 70
cascatas de reputação
  Obama e, 163
  rebeldes e, 158
  segredos do sucesso, 71
  Uma nova esperança, 76

cavaleiros jedi, 31, 76, 90, 163, 187-188, 210
  aspirante a, 137
  choque entre, 41
  código do mundo real, 191
  Darth Vader falhando como, 122
  direito constitucional e, 182
  Édipo jedi, 86-87
  em Jihad, 96
  empurrõezinhos, 197-198
  jedi do século XX, 194-197
  manifestações físicas, 195
  ordem e, 90-91
  pais como, 114
  papel dos, 181
  pensar devagar (Sistema 2) e, 188
  pensar rápido (Sistema 1) e, 190
  polarização de grupo e, 155
  reconhecimento de padrões e, 189
  sentimentos e, 190
  truques mentais, 174, 187, 193, 198
cegueira por desatenção, 193
cegueira, 148-150, 193
Chabris, Christopher, 193
Cheney, Dick, 141
Chewbacca (personagem), 36, 68, 70
Cialdini, Robert, 188
ciência comportamental, 19, 93, 129, 208
Cleg (personagem), 26
Clinton, Hillary, 14, 49
Coben, Harlan, 33
Colbert, Stephen, 77

236 O MUNDO SEGUNDO STAR WARS

Como Star Wars conquistou o universo (Taylor), 32
comunismo
  ascensão de, 109
  prevalecendo, 127
  queda de, 19
Congresso, 140-143
conjunto de informações, 156
Constituição, EUA, 170-171, 173-175, 179
Contatos imediatos do terceiro grau, 46
controle de armas, 142, 155
Cornwall, Barry, 65-66
Coronet, cinema, 51, 72
Crabbe, George, 65-67
Crandon, Mina, 195-197
crenças, 148, 152, 191
cristianismo, 17, 83-85, 204
Cronkite, Walter, 76
Cruz, Ted, 14

D

da Vinci, Leonardo, 21, 75
Daniels, Anthony, 51
Darth Sidious (personagem), 131
  Ver também Palpatine (personagem)
Darth Vader (personagem), 15, 23
  Ver também Anakin Skywalker (personagem)
  atacando o imperador, 146
  como general, 28

como o personagem mais memorável, 96-99
como pai, 114-117
erotismo de, 97
falhando como cavaleiro jedi, 122
feroz e aterrador, 115
governando a galáxia, 32
Lucas sobre, 23
morte de, 119
parte humano, parte máquina, 94-95
trabalhando mentes, 199
tragédia, 24, 84
viés otimista, 94
de Vere, Edward, 108
destino
  controle, 104
  cumprindo, 119, 131
  em *Uma nova esperança*, 61
  honrando, 206
  liberdade de escolha e, 132-133
  Lucas sobre, 133
Destroier Imperial, 81
Dickens, Charles, 54-55, 62
dinâmicas sociais, 58-59, 149, 151, 153
direito constitucional
  aura de inevitabilidade, 181
  cavaleiros jedi e, 181
  como episódios de Star Wars, 176-177
  estilo jurídico, 177-180
  momento "Eu sou seu pai" e, 170
  ordem dos episódios, 182-183

ÍNDICE

originalismo e, 181-182
possibilidades infinitas, 172-173
seguindo regras e, 173-176
sith e, 182
visão geral, 169-171
direitos LGBT, 157
discriminação sexual, 170, 180-181
ditaduras, 139
Dodds, Peter, 60
Dookan (personagem), 163
Doyle, Sir Arthur Conan, 194-196
droides, 16, 49, 57, 94, 120, 187
Dworkin, Ronald, 176-177
Dylan, Bob, 80-81

E

E o vento levou, 36, 47-48
E.T., 47
Édipo jedi, 83, 86-87
efeito "câmara de eco", 66
efeito borboleta, 159-161
efeito manada, 55
efeitos de rede
  O despertar da Força, 80
  segredos do sucesso, 68
  Uma nova esperança, 76
efeitos desumanizadores, 95
Egito, 148
Ellerbee, Linda, 78
empurrõezinhos, 197-198
enquadramento, 187
escassez, 88
espiritismo, 195

estoicismo, 122
Estrela da Morte, 103, 105, 190
evento cultural de massa, 67-68
experimento do gorila invisível,
  192-194, 197

F

Facebook, 67, 154
falácia do planejamento, 22
fanatismo, 146
feminismo, 87-89
fenômenos psíquicos, 195
ficção científica, 52, 76
filhos
  arrependimento e, 113-114
  L. Skywalker, 117-121
  obsessões de, 17
  Spielberg e, 116
  visão geral, 111-113
Finn (personagem)
  como irresistível, 204
  escolhas, 128
Fisher, Carrie, 52
Flash Gordon (personagem), 23-
  25, 30, 87, 203, 206
Flynn, Gillian, 33
Força, monomito e
  empurrãozinho jedi, empurrão-
    zinho sith, 198
  experimento do gorila invisível
    e, 192-194
  habilidades sobrenaturais e, 191
  jedi do século XX, 194-197

238   O MUNDO SEGUNDO STAR WARS

mito antigo, nova forma, 199-201
reconhecimento de padrões, 189-190
superprevisores e, 190-191
visão geral, 185-188
Força. *Ver também* Lado Luminoso
como Deus, 17
conhecimento da, 15
dois lados da, 17
domínio da, 185-186
Fantasmas da Força, 194
Que a Força esteja com você, 14
Ford, Harrison, 37, 43, 45, 51, 97, 120, 162
Foster, Alan Dean, 35
Frankfurt, Harry, 129-131
Freud, Sigmund, 86, 205
Friedman, Ann, 68, 77
Frost, David, 77
Frost, Robert, 21

G

Galbraith, Robert, 63-64, 69-70, 80
Gardner, Dan, 190
Garota exemplar (Flynn), 33, 59
Gelmis, Joseph, 73
Gingrich, Newt, 78
Goodwin, Jeff, 147
Google, 14
Grande Recessão de 2008, 79, 203
Greedo (personagem), 104
Guerra Civil, 188, 181
Guerra do Vietnã, 136

Guerra Fria, 56, 77-78, 127
Guinness, Sir Alec, 50-51

H

habilidades sobrenaturais, 191
Hamill, Mark, 35-37, 51
Hamilton, 170˙
Han Solo (personagem), 23, 26, 36
como desonesto, 97
como irresistível, 203
como padawan, 104-105
como pai, 117
como tapado, 89
escolhas, 128
Leia sobre, 161
morte de, 42
status quo e, 151
viés otimista, 94
Hanson, Todd, 74
Harry Potter, 56, 59-60, 201
heroísmo, 17, 121, 125, 143, 200-201
heurística da disponibilidade, 154
Hitler, Adolf, 139-140, 146, 160
Holocausto, 109
Houdini, Harry, 196-197
Hunt, Leigh, 65-67

I

ignorância pluralística, 153
igual proteção, 174-175, 180-181
Império
EUA como, 56
Nixon e, 56

ÍNDICE

oposição a, 135
queda de, 150
tirânico, 156
turbulência e, 89
União Soviética como, 52
incomensurabilidade, 102
Influência: a psicologia da persuasão
(Cialdini), 188
influências sociais
como segredo do sucesso, 54-55
polarização de grupo e, 156
Uma nova esperança e, 75-76
intuição, 191, 199
Islã, 156

J

Jackson, H. J., 65-66
Jackson, Peter, 73
Jaher, David, 194, 210
James, LeBron, 99
Jar Jar Binks (personagem), 106, 157
Jefferson, Thomas, 89
Jihad, 96
Jobs, Steve, 14, 21
Jogos vorazes, 56, 59
Johnson, Magic, 189
Jordan, Michael, 99
Jordânia (nação), 148
Jornada do Herói, 17-18, 201
"Journal of the Whills", 174-175, 178, 180-181
Joyce, James, 201

Jung, Carl, 100
Jurassic World, 48

K

Kahneman, Daniel, 22, 92, 188
Kaminski, Michael, 30
Kane (personagem), 26
Kant, Immanuel, 99
Kasdan, Lawrence
brilho, 40
colaborador, 18
debate sobre personagem, 177
discussão com, 42
frases favoritas, 133
sobre o próprio caminho, 172
sobre realizar o seu potencial, 127
sobre *Uma nova esperança*, 54
Keats, John, 65-66
Kennedy, Anthony, 169
Kennedy, John F., 56, 103, 135
Kennedy, Robert, 56
King Jr., Martin Luther
assassinato, 56
como conservador, 19
como rebelde, 143-145
sobre o bem e o mal, 119
sobre o boicote aos ônibus de Montgomery, 145
Kubrick, Stanley, 83
Kuran, Timur, 153
Kurosawa, Akira, 28
Kurtz, Gary, 25
Kylo Ren (personagem), 87, 97, 211

240 O MUNDO SEGUNDO STAR WARS

L

Lado Luminoso. *Veja também* Força
a favor de, 16
A. Skywalker voltando ao, 117
em comparação com o Lado
Sombrio, 83, 127
em Star Trek, 99-101
escolhas, 18
Lado Sombrio. *Ver também* sith
A. Skywalker, 89, 95, 132, 167
aceitar a própria sombra, 100
advogado do diabo e, 96-103
Cheney e, 141
como sexy, 97
desespero do, para Yoda, 121
em Star Trek, 99-101
evitando, 198
Lado Luminoso comparado com,
83, 127
saindo do, 39
sedução pelo, 34
visitando, 17
Lando Calrissian (personagem), 37
Lane, Anthony, 40
largura de banda cerebral, 193
Lars (personagem), 26
Leia Organa (personagem)
cascatas favoráveis, 165
como gêmea, 34-38, 105
como general Leia, 87
como rebelde, 143, 151
senso de queixa ou injustiça, 154
sobre Han, 162

Lethem, Jonathan, 74
liberdade de escolha
condição humana, 206
conto de, 29
destino e, 133
ênfase na, 18
filosofia, 129-130
insistência na, 205
liberdade e piloto automático,
128
visão geral, 125-127
liberdade de opinião e expressão,
174-176, 178
liberdade religiosa, 180
liberdade, 174
Líbia, 148
Lincoln, Abraham, 14, 33, 99
Lippincott, Charley, 51, 63, 72
livre-arbítrio, 129-130
Lohmann, Susanne, 150-151
"Long Time Comin'", 128
Lorenz, Edward, 161
Lucas, George
advogado do diabo e, 204
arrepios na espinha, 32-34
Campbell como mentor, 17, 200,
205
cascatas favoráveis, 164
colaboradores, 18
como juiz e criador, 171
como L. Skywalker, 98
como pai, 117
contratação de Ford, 162
criando gêmeos, 35-38

ÍNDICE

debate sobre personagem, 177

efeito manada e, 55

efeitos visuais e, 34

em férias, 51

esboço inicial, 27-28

fazendo escolhas, 41-42

ficando sem dinheiro, 49

Flash Gordon e, 23-25

frequentando a escola de cinema, 160

grãos originários do pensamento, 37

ideia para saga, 19

ideias políticas, 135-136

intenções para os jovens, 56

melhor momento narrativo, 122

nomes de personagens, 26-27

ordem dos episódios e, 182

parsecs e, 42-43

personagens assumindo o controle, 31

plano para Binks, 106

ponto de vista, 34-35

redenção e, 30

resumo da jornada, 21-22

retiro, 117

roteiro de, 24

situações humanas e, 120

sobre a concepção de Star Wars, 23-24

sobre *A vingança dos sith*, 137

sobre Darth Vader, 23

sobre ditaduras, 139

sobre heroísmo, 125

sobre manter os olhos abertos, 132

sobre mito, 201

sobre Nixon, 137

sobre o destino, 133

sobre o próprio pai, 116

tecnologia e, 94

temendo a catástrofe, 16

trama e, 180

transmitindo algo espiritual, 199

vertigem efervescente, 43

visão, 89

Luke Skywalker (personagem), 17

apego e, 121

cascatas de informação, 68-69

cegueira por desatenção, 193

como Édipo, 86-87

como figura semelhante a Cristo, 85

como filho, 118-121

como gêmeo, 35-38, 104

como parte da Santíssima Trindade, 85

como rebelde, 143, 150, 158

como tapado, 88

escolhas, 128

juramento, 39

Lucas como, 98

Obama como, 135

Obi-Wan mentindo para, 34

preocupação com, 32

presente de, 117-118

primeira aparição, 28

radicalização, 96

raiva de, 119

resistência, 147

status quo e, 94, 151

Lumpawaroo (personagem), 106-107

M

Mace Windu (personagem), 131

Mad Max, 59

Mad Men, 59

Madison, James, 178

mágico investigativo, 19

Malcolm X, 56

Mandela, Nelson, 118

Mann Chinese Theatre, 45

Mann, Thomas, 201

marca, 55

Marlowe, Christopher, 108

Matrix, 201

McComas, Henry C., 197

Michelangelo, 54

mídias sociais, 14

Mill, John Stuart, 99

Millennium Falcon, 15, 22, 42

Millet, Lydia, 97-98

Milton, John, 98-99

mito. *Ver também* Força, monomito e; monomito

Campbell sobre, 185

da previsão criativa, 22

Lucas sobre, 201

moderno, 17, 201

nosso mito, nós mesmos, 203-206

mitologia, 77-78

momento "Eu sou seu pai", 32-35, 170, 182

momento certo

como segredo do sucesso, 55-56

O despertar da Força, 79

senso de oportunidade é tudo, 19

sorte e, 203

Uma nova esperança, 76-79

Mona Lisa, 80

monomito, 84, 200, 206. *Ver também* Força, monomito e

Monroe, 26

Moore, Alan, 107

Moore, Julianne, 99

morte metafórica, 34

movimento dos direitos civis, 78, 125, 157

Mozart, Wolfgang Amadeus, 54-55, 62

Muçulmanos, 156

mudança climática, 142

Munn, Orson, 195

Music Lab, segredos do sucesso e, 60-64, 67, 74-76, 80

N

New York Times, 73, 196

New York, New York, 50

Newsday, 73

Niemöller, Martin, 146

ÍNDICE

Nixon, Richard
  doutrina da não delegação, 140
  Império e, 56
  Lucas sobre, 137
  Palpatine e, 136
  renúncia, 126
Nudge (Thaler e Sunstein), 199

O

O chamado do cuco (Galbraith), 63-64, 67
O despertar da Força
  Abrams sobre, 137
  cascatas de informação, 68
  colaboração em, 18
  como celebração nacional, 204
  como evento cultural de massa, 67-68
  como unificador, 15
  decepção com, 155
  droides, 94
  efeitos de rede, 80
  escolhas em, 40
  estreia e sucesso, 163
  general Leia, 88
  igualdade de gênero e, 87
  lançamento de, 14
  marca e, 55
  momento certo, 79
  morte de Solo em, 42
  ranking, 166
  Solo como pai, 118
  sucesso de, 13, 48

  sucesso financeiro, 48
  tema edipiano, 87
  triunfo ou decepção, 19
O dharma de Star Wars (Bortolin), 106
O herói de mil faces (Campbell), 17, 121
O hobbit: uma jornada inesperada, 48
O Império contra-ataca, 18
  beijo em, 36
  carga sexual em, 37
  como o melhor, 165
  momento "Eu sou seu pai", 32, 34
  ranking, 166
  roteiro de, 35
  roteiro inicial, 38-40
  sucesso financeiro, 48
  triunfo do mal, 98
O mágico de Oz, 48
O outro lado da meia-noite, 51
O retorno de jedi, 18
  cena de biquíni, 88
  como engenhoso, 167
  impacto cultural, 58
  primeiros esboços, 30
  ranking, 166
  redenção em, 167
  roteiro de, 37, 40
  sucesso financeiro, 47
Obama, Barack
  campanha política, 163-164
  cascatas de informação e de reputação, 163

como L. Skywalker, 135

eleição, 154

fim de jogo, 103

pais de, 160

poder Executivo, 141-142

Putin e, 15

Reagan e, 99

sobre Star Wars, 14

Obi-Wan Kenobi (personagem)

batalha final, 167

causa radical, 96

cegueira por desatenção, 193

como enrugado, 200

ensinamentos, 105

mentindo para L. Skywalker, 34

orando para, 15

preocupação com L. Skywalker, 32

sobre a sorte, 191

sobre enganar, 187

sobre rebeldes, 146

sorrindo antes de ser abatido, 102

sorriso de cumplicidade, 104

suave e acalmador, 115

trabalhando mentes, 199

olhar para baixo, 159

ordem, 91

originalismo, 175, 181

Os dez mandamentos, 47

Oswald, Lee Harvey, 107

OTAN, 161

P

Padmé Amidala (personagem)

cenas de amor, 40

como parte da Santíssima Trindade, 85

sobre a perda de liberdade, 137

sobre democracia, 143

sólida como uma rocha, 88

padronicidade, 109

A ameaça fantasma

arco da trama, 183

ranking, 166

sucesso financeiro, 46

pai(s)

A. Skywalker, 117-129

arrependimento e, 113-114

como cavaleiros jedi, 115

como sith, 115

conto de, 25

Darth Vader como, 115-116

Lucas como, 116

Lucas sobre seu próprio, 115-116

obsessão com, 18

Solo como, 117

Spielberg e, 116

visão geral, 111-113

Palpatine (personagem)

apropriação da autoridade, 139

cegueira, 148

como Hitler, 139-142

como revolucionário, 145

como tapado, 146

ditador, 91

ÍNDICE

herói secreto, 90

Lorde Sith, 30, 34-35

Nixon e, 136

referência a, 68

sentindo raiva, 99

trabalhando a mente, 199

triunfo sobre, 131

viés otimista, 93

Paraíso Perdido (Milton), 98

parsecs, 42

pensar devagar (Sistema 2), 188

pensar rápido (Sistema 1), 188

Percurso de Kessel, 27, 42-43, 76

pescadores, 187

Pescando tolos: a economia da manipulação e fraude (Akerlof e Shiller), 187

pesquisas de opinião, 152

pesquisas eleitorais nacionais, 164

Picasso, Pablo, 201

Plummer, John, 160-161

Poe Dameron (personagem), 186

polarização de grupo, 154-157

política econômica, 141

política

   campanhas políticas, 162-165

   cultura e, 13

   ideias políticas de Lucas, 136

   opinião e expressão política, 179

ponto de vista, 34-35

Possessão (Byatt), 33

pragmatismo, 142

premeditação, 31

"Preso numa casca de laranja", 61-62

"Previsibilidade: o bater das asas de uma borboleta pode iniciar um tornado no Texas?" (Lorenz), 161

Primavera Árabe

   como surpresa, 147-148

   direitos humanos e, 19

   heróis, 143

   injustiça e, 154

Primeira Emenda, 179

Primeira Ordem, 89, 92, 127, 144, 174

Príncipe dos bebers (personagem), 26

Private Truths, Public Lies (Kuran), 153

Procurando Sugar Man, 57

propaganda subliminar, 198

prova social, 188

Prowse, David, 51

psicologia, 187-188

punição cruel e incomum, 175

Putin, Vladimir, 15, 91, 103

Q

qualidade

   como segredo de sucesso, 54

   Uma nova esperança e, 72

Qui-Gon (personagem), 86, 105-106, 199

R

R2-D2 (personagem), 28, 29, 33, 95
Rápido e devagar: duas formas de pensar (Kahneman), 92, 188
Reagan, Ronald, 13, 56, 99, 126, 135, 160
realidade, 102, 105
rebeldes
  Aliança Rebelde, 146
  apropriação da autoridade, 140
  campanhas políticas e, 162-165
  cascatas de rebelião, 150-151
  cegueira e, 148-150
  concentração de poder e, 139-141
  conservadores, 143-145
  delegando poderes, 140-143
  efeito borboleta e, 159-162
  idealismo desaparece, 142
  L. Skywalker como, 143-144, 149-150, 158
  Leia como, 143, 151
  Luther King como, 143-145
  Obi-Wan sobre, 146
  olhar para baixo, 158-159
  pensando sobre, 152-154
  polarização de grupo e, 153-156
  ranking dos filmes, 165-167
  razões para a polarização, 156-158
  revoluções inesperadas, 145-147
  status quo e, 151
  visão geral, 135-137
rebelião
  cascatas de reputação e, 158
  cascatas de, 149-150

estímulos a, 155
lições, 16-17, 19
necessidade de, 89
sith e, 149, 151
sucesso de, 153
reciprocidade, 188
reconhecimento de padrões, 189-190
redenção
  de A. Skywalker, 117-118, 121-122
  em *O retorno de jedi*, 167
  Lucas e, 30
  tema, 18-19
reforma da imigração, 142
Rei Lear (Shakespeare), 54, 108
religião, 200-201
repúblicas, 17, 19, 89
reputação, segredos do sucesso e, 65-67
ressonância cultural
  como segredo do sucesso, 55, 59
  Uma nova esperança e, 59
Revolução Americana, 154-155
Revolução Francesa, 137, 143, 154
Rey (personagem)
  cegueira por desatenção, 193
  como complicada, 89
  como heroína, 87
  escolhas, 128
  fabulosa, irresistível, 166, 204
  motivações, 204
  viés do *status quo*, 94
Rinzler, J. W., 76
ritual, 144

ÍNDICE

Robbins, Apollo, 194

Roddenberry, Gene, 99

Rodriguez, Sixto, 57-59, 62-63, 66-67, 80, 149

Roland (personagem), 26

Rolling Stones, 57, 99

romance em cadeia, 176-177

romance, 56

Roosevelt, Franklin Delano, 99

Rowling, J. K., 21, 60, 63-64, 69

S

sabres de luz, 15, 22, 50, 87, 94, 206

Salganik, Matthew, 60-62, 64

San Francisco Chronicle, 73

Sanduíche Hidráulico, 61

Scalia, Antonin, 171, 174-175

Scientific American, 195-196

Scorsese, Martin, 50

Scott, A. O., 77

Scott, Ridley, 73

segredos do sucesso

  cascatas de informação, 68-71

  cascatas de reputação, 71

  efeitos de rede, 67-68

  influências sociais, 54-55

  Music Lab e, 60-64, 67, 74-76, 80

  O chamado do cuco e, 63, 67

  Procurando Sugar Man e, 57

  qualidade, 54

  reputação e, 65-66

  ressonância cultural, 55, 58-59

resumo, 80-81

tempo certo, 55-56

segregação racial, 174, 188-181

sensação cultural, 68

sentimentos, 190

separação de poderes, 138

Shakespeare, William, 14, 21, 33, 54-55, 62, 75, 108

Shiller, Robert, 187

Simons, Daniel, 193

Sinatra, Frank, 54-55

sistemas democráticos, 138-139

sistemas fascistas, 138

sith. *Ver também* Lado Sombrio

  direito constitucional e, 181

  empurrõezinhos, 197-198

  escolhendo, 128

  lordes, 30, 98, 106, 131

  mentira e, 34

  nações governadas por, 143

  pais como, 114

  pescadores e, 187, 199

  polarização de grupo e, 154

  rebelião e, 148, 151

  reconhecimento de padrões e, 189

  relativistas morais, 35

  truques mentais, 193

  vingança, 122

sobrevivência a longo prazo, 66

sorte

  momento certo e, 203

  Obi-Wan sobre, 190

  Uma nova esperança e, 63

Southey, Robert, 65

248 O MUNDO SEGUNDO STAR WARS

Spielberg, Steven
  pais, filhos e, 116
  Uma nova esperança e, 54
Springsteen, Bruce, 128
Star Cars, 64, 71
Star Trek
  Lado Sombrio e Lado Luminoso
    em, 99-101
  Star Wars e, 19, 101-102, 157
Star Wars Infinities, 172
Star Wars
  budismo, 105
  como atemporal, 19
  como ritual, 144
  como um mito moderno, 16-17,
    201
  convidando à especulação, 83
  direito constitucional como epi-
    sódios, 176-178
  episódios imaginados, 172-173
  fenômeno mundial, 14
  foco determina a realidade, 102-
    103
  franquia, 13
  lições mais profundas, 18
  Lucas sobre a concepção, 23-24
  mídias sociais e, 14
  Obama sobre, 14
  ópera espacial, 205
  religião e, 199-201
  Star Trek e, 19, 101-102, 157
  triunfo duradouro, 204
Star Wars: O Legado Revelado, 78

status quo, 94, 151
Stevens, Wallace, 84
Streep, Meryl, 99
Sugar Man, 57, 149
superprevisores, 191
Suprema Corte, 48, 145, 157, 170-171,
  174-175, 178, 180
Swift, Taylor, 14, 54-55, 59, 99

T

Taylor, Chris, 32, 76
tecnologia, 94
teorias da conspiração, 103, 107-109,
  156
terrorismo, 155, 203
  11 de setembro de 2001, ataques
    terroristas, 56, 59, 107, 109
  guerra ao terror, 140-141
Tetlock, Philip, 161, 190
Thaler, Richard, 197, 208, 210
*The Creation of the American Repub-
  lic, 1776-1787* (Wood), 170
The Witch of Lime Street (Jaher),
  194
Thorpe (personagem), 26
Time, revista, 75
Titanic, 47-48
tolos, 187
traição, 144, 173
Trump, Donald, 91
Tubarão, 46, 47, 75
Tunisia, 147, 161

ÍNDICE

Tversky, Amos, 22
Twentieth Century Fox, 46, 50, 72
Twitter, 14

U

Uma nova esperança (Foster), 35, 145
Uma nova esperança
  algo grande para reerguer os EUA, 203
  apatia inicial em relação a, 49
  boa sorte, 80
  carga sexual em, 37
  cascatas de informação, 68, 71
  cascatas de reputação, 75
  cena de abertura, 81
  críticas, 73-74
  definindo nosso tempo, 45-52
  destino, 62
  droides, 95
  efeitos de rede, 75
  empresas de marketing, 51
  indicações ao Oscar, 73
  influências sociais e, 75-76
  Kasdan sobre, 54
  lançamento de, 30, 35
  melhor filme já visto, 72-74
  mistérios em, 182
  momento oportuno, 77-79
  Obi-Wan mentindo para L. Skywalker, 34
  planos da Estrela da Morte, 103
  popularidade e sucesso financeiro, 47

primeiro lançamento, 16
primeiros rascunhos, 30
qualidade e, 72
ranking, 166
ressonância cultural e, 60
romantização, 35, 146
roteiro de, 24
Senado Imperial, 139
sorte e, 63
Spielberg e, 54
sucesso de, 19
trama de, 25, 180
Uma ponte longe demais, 47
União Soviética
  assuntos internacionais e, 78
  como Império, 56
  luta com, 127
  queda, 147
  sombra da, 125

V

Valorum (personagem), 26
Variety, 73, 76
vertigem efervescente, 43
viés otimista, 93-94
von Hindenburg, Paul, 140

W

Walker, Scott, 163-164
Washington Post, 75
Washington, George, 21, 91
Watchmen (Moore, A.), 107

Watergate, escândalo de, 77, 125

Watts, Duncan, 60, 64, 75, 208

Wigan, Gareth, 72

Wilkinson, David, 77

Williams, Billy Dee, 37

Williams, John, 16

Wood, Gordon, 159, 170

wookiees (personagens), 26

Wordsworth, William, 65-66

X

Xenos (personagem), 26

Z

Zaentz, Saul, 73

Este livro foi composto na tipologia Palatino
LT Std, em corpo 11/16, e impresso em
papel off-white no Sistema Cameron da
Divisão Gráfica da Distribuidora Record.